Reinhilde Beck
Gotthart Schwarz

Konfliktmanagement

Schwerpunkt MANAGEMENT

Professionelle Personalarbeit und Organisationsentwicklung

Reinhilde Beck
Gotthart Schwarz

Konfliktmanagement

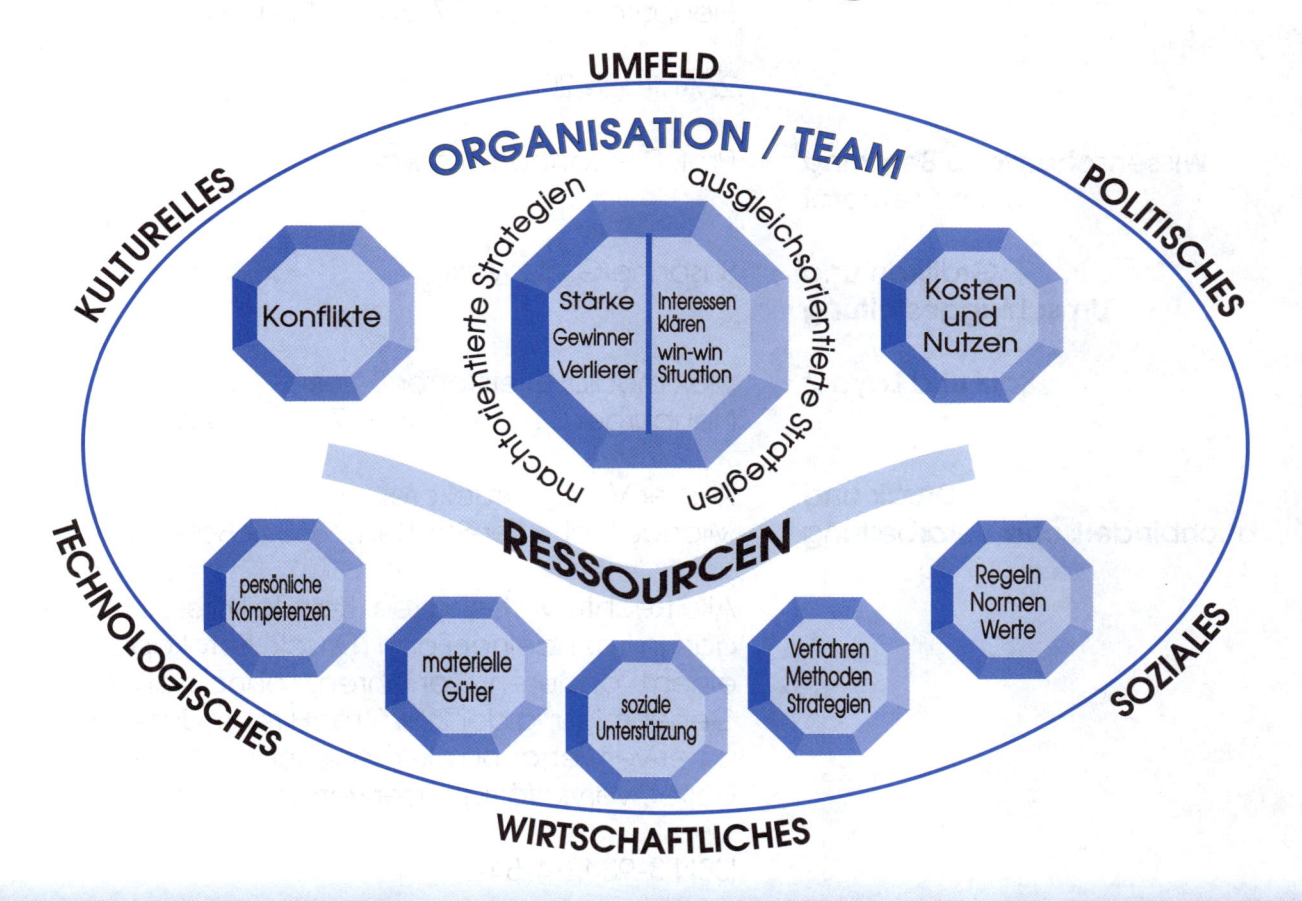

UMFELD
ORGANISATION / TEAM
KULTURELLES — POLITISCHES
machtorientierte Strategien — ausgleichsorientierte Strategien
Konflikte
Stärke / Gewinner / Verlierer — Interessen klären / win-win Situation
Kosten und Nutzen
RESSOURCEN
persönliche Kompetenzen
materielle Güter
soziale Unterstützung
Verfahren Methoden Strategien
Regeln Normen Werte
TECHNOLOGISCHES
WIRTSCHAFTLICHES
SOZIALES

Basistexte • Computergrafiken • Checklisten für

ziel STUDIUM & BERUF

Die Deutsche Bibliothek – CIP-Einheitsaufnahme

Beck, Reinhilde:
Konfliktmanagement / Reinhilde Beck ; Gotthart Schwarz. – 2. Aufl.. – Augsburg : ZIEL, 2000
(Schwerpunkt Management)
ISBN 3-934214-54-1

Verlag	ZIEL – Zentrum für interdisziplinäres erfahrungsorientiertes Lernen GmbH Neuburger Straße 77, 86167 Augsburg
	2. Auflage 2000
Wissenschaftliche Beratung und Lektorat	Prof. Dr. Gotthart Schwarz
Grafiken und Umschlaggestaltung	Susanne Grabowski
Satz und Layout	alex media, Gierstorfer & Ferstl Gbr Neuburger Straße 77, 86167 Augsburg
Druck und buchbinderische Verarbeitung	Kessler Verlagsdruckerei Michael-Schäffer-Straße 1, 86399 Bobingen

Alle Rechte vorbehalten. Kein Teil dieses Buches darf in irgendeiner Form (Druck, Fotokopie oder einem anderen Verfahren) ohne schriftliche Genehmigung der ZIEL GmbH reproduziert oder unter Verwendung elektronischer Systeme verarbeitet, vervielfältigt oder verbreitet werden.

ISBN 3-934214-54-1

Inhaltsverzeichnis

Konflikte zwischen Tabuisierung und Thematisierung

1 Zur Ambivalenz von Konfliktangst und Konfliktregelung — 11
   Traditionelle Einübung in Konfliktangst und Konfliktverdrängung — 12

2 Zur gesellschaftlichen Funktion und Bewertung von Konflikten — 13
   Gemeinschaft statt Gesellschaft - Harmoniebedürfnis mit Tradition — 13
   Streit als "positive Sozialkraft" für gesellschaftlichen Wandel — 14

3 Krisenangst und Konfliktverdrängung in der Bundesrepublik — 16
   Offene Gesellschaft - autoritäre Demokratie? — 16
   "Mehr Demokratie wagen?" — 17
   Der Weg in die "Wende" der 80er Jahre — 18
   Von der "repressiven Toleranz" zur "neuen Unübersichtlichkeit" — 19

4 Begriff, Verständnis, Definition von Konflikten — 21
   Was ist ein Konflikt? — 21
   Konflikte und Nicht-Konflikte — 23
   Nicht der Konflikt ist das Problem — 25

5 Konflikte - Arten - Varianten - Typen — 27
   Unterscheidung nach Streitgegenständen — 29
   Kategorisierung nach den Erscheinungsformen — 30
   Ordnung der Konflikte nach Merkmalen der Konfliktparteien — 34

Ein Arbeitsmodell zur Untersuchung und Optimierung von Konfliktlösungen

6 Konflikte - Konfliktdynamik - Konfliktlösungen in systemisch-konstruktivistischer Sichtweise — 36
   Die systemische Perspektive — 36
   Die linear-kausale Sichtweise — 38
   Die wirklichkeitskonstruktive Perspektive — 40
   Konflikte in Organisationen - eine komplexe "Wirklichkeitskonstruktion" — 42
   Subjektive Profilierung von Konflikten — 45
   Individuelle Reaktionen der Konfliktbewältigung als "anerkennenswerte Sicherheitshandlungen" — 49
   Einfluß der Organisationskultur auf die Konfliktentstehung und Konfliktsteuerung — 50
   Organisation und individuelle Reaktion — 52
   Individuelle Konfliktreaktion als Ausdruck aktiver Beziehungsgestaltung — 53
   Eingespielte/eingeschliffene Muster im Umgang mit Konflikten auf internationaler Ebene — 55
   Ausgleich von Interessen — 60
   "Hypnotische Fixierung" als Basis von Konfliktbewältigungsstrategien — 61
   Art der Problembewältigung als Teil des Problems/Konflikts — 62

Welche Strategie der Konfliktbewältigung ist die "beste"?	64
Welche Strategie der Konfliktbewältigung ist die kostengünstigste?	65
Genügt eine am Interessenausgleich orientierte Lösungsstrategie?	67
Wann sind Rechts- und Machtstrategien einer Interessenausgleichstrategie vorzuziehen?	67
Konfliktmanagement in Organisationen: Ein am Interessenausgleich orientiertes Konfliktbewältigungssystem?	68
Schlußfolgerung	70

7 Untersuchung und Optimierung von Konfliktlösungen — 72

- Untersuchung eines Konfliktlösungssystems — 73
- Konfliktparteien/Schlüsselpersonen — 75
- Konfliktthemen — 76
- Absteckung des Konfliktrahmens - Mikro-, Meso- und Makrokonflikte — 77
- Häufigkeit von Konflikten — 79
- Konfliktverlauf und Konflikteskalationen — 79
- Bisherige Art der Konfliktbewältigung — 80
- Die Organisation als Konfliktquelle — 82
- Bilanzierung der Kosten bisheriger Bewältigungsstrategien — 86
- Zusammenhang zwischen Ressourcen und Art der Konfliktbewältigung — 87
- Untersuchungsergebnisse bündeln, ordnen, gewichten — 91

8 Leitlinien zur Entwicklung eines effektiven Konfliktlösungssystems — 92

- Leitlinie 1: Interessenorientierung — 92
- Leitlinie 2: Ziel- und Lösungsorientierung — 97
- Leitlinie 3: Ressourcenorientierung — 99
- Leitlinie 4: Effizienzorientierung — 101
- Leitlinie 5: Prozeßorientierung — 109

9 Schritte zur Einführung und Umsetzung eines effektiven Konfliktlösungssystems — 112

- Schritt 1: Konflikte rechtzeitig erkennen — 112
- Schritt 2: Ausgangssituation und Auftragskontext klären — 116
- Schritt 3: Konfliktlösungen untersuchen und optimieren — 122
- Schritt 4: Lösungsschritte entwickeln und umsetzbar machen — 126
- Schritt 5: Ergebnisse überprüfen, bewerten und sichern — 127

Schlußbemerkung — 130

Literaturverzeichnis — 131

Abbildungsverzeichnis

Übersicht der Schaubilder, Grafiken und Tabellen

Abb. 1 Konflikte und Nicht-Konflikte
Abb. 2 Konflikte erfüllen positive Funktionen
Abb. 3 Der Konfliktkreislauf
Abb. 4 Konfliktarten
Abb. 5 Verfahren/Mechanismen zur Konfliktregelung
Abb. 6 Systemische Sicht- und Wirkungszusammenhänge
Abb. 7 Die linear-kausale Sicht
Abb. 8 Die wirklichkeitskonstruktive Sicht
Abb. 9 Wesenselemente und Subsysteme einer Organisation
Abb. 10 Konfliktrahmen und Komplexität
Abb. 11 Gewinner-Verlierer-Strategie
Abb. 12 Verlierer-Verlierer-Strategie
Abb. 13 Gewinner-Gewinner-Strategie
Abb. 14 Vom gestörten zum effektiven Konfliktlösungssystem
Abb. 15 Orientierungsmodell für Konfliktlösungen
Abb. 16 Konfliktlösungen untersuchen und optimieren
Abb. 17 Konfliktparteien - Schlüsselpersonen
Abb. 18 Konfliktthemen
Abb. 19 Mikro-, Meso- Makrokonflikte
Abb. 20 Häufigkeit von Konflikten
Abb. 21 Konfliktverlauf - Konflikteskalation
Abb. 22 Bisherige Art der Konfliktbewältigung
Abb. 23 Organisation als Konfliktquelle
Abb. 24 Bilanzierung der Kosten bisheriger Bewältigungsstrategien
Abb. 25 Zusammenhänge zwischen Ressourcen und Art der Konfliktbewältigung
Abb. 26 Untersuchungsergebnisse bündeln, ordnen, gewichten
Abb. 27 Leitlinien zur Entwicklung eines effektiven Konfliktlösungssystems
Abb. 28 Regeln/Verfahren einer interessenorientierten Konfliktlösung
Abb. 29 Mind-map: Schritte zu einer interessenorientierten Verhandlungsführung
Abb. 30 Regeln für den Einstieg in die Verhandlung
Abb. 31 Zehn Regeln für die Konfliktmoderation
Abb. 32 Sechs Schritte zur wirksamen Problemlösung
Abb. 33 Leitsätze für eine interessenorientierte Problem/Konfliktlösung
Abb. 34 Zielkriterien und Lösungsperspektiven
Abb. 35 Hindernisse, Ressourcen, Gestaltungsmöglichkeiten
Abb. 36 Maßnahmen der Konfliktvorbeugung
Abb. 37 Regelungen/Verfahren einer auf Interessenausgleich zielenden Konfliktlösung
Abb. 38 Kostengünstige Verfahren zur Klärung von Rechts- und Machtpositionen
Abb. 39 Verfahren nach ansteigenden Kosten geordnet
Abb. 40 Prozeßorientierung
Abb. 41 Phasen und Vorgehensmethodik des Konfliktmanagements

MANAGEMENT

Abb. 42 Schritte des Konfliktmanagements
Abb. 43 Symptome, die auf Konflikte verweisen
Abb. 44 Symptome, die auf einen "kalten" Konflikt verweisen
Abb. 45 Leitfragen zur Auftragsvergabe
Abb. 46 Rollen der KonfliktberaterIn
Abb. 47 Planung des Vorgehens nach der Auftragsklärung
Abb. 48 Grundregeln für das Vorgehen als ProzeßberaterIn
Abb. 49 Regeln im Umgang mit Widerständen
Abb. 50 Lösungsschritte entwickeln und umsetzen
Abb. 51 Überprüfung, Bewertung und Sicherung von Veränderungen

Vorwort

In dem Pilotband **Sozialmanagement** zu dieser Reihe wurde die Absicht der Herausgeber zu einem grenzüberschreitenden Diskurs zwischen den etablierten Wissenschaftsdisziplinen und beruflichen Praxisfeldern und zur "Einmischung" in die der Sozialarbeit nach wie vor fremden Bereiche der Wirtschafts- und Unternehmenspolitik, der Umwelt- und Stadtentwicklung, der Planungs- und Verwaltungsbehörden angekündigt. Seither ist ein knappes Jahr vergangen, sind weitere Titel zur Konzeptentwicklung und zur Entwicklung von Schlüsselqualifikationen erschienen, die, soweit sich dies jetzt schon sagen läßt, auf ein positives Interesse stoßen. Mit dem hiermit vorgelegten Text zum Problem- und Aufgabenbereich des Konfliktmanagement soll das begonnene Konzept fortgeführt, weiterentwickelt und vertieft werden. Das Risiko, sich weiterhin den Verlockungen und Gefahren eines interdisziplinären Erkundungsflugs auszusetzen, ohne die von den akribischen SpezialistInnen gefragte Tiefenschärfe in den gewonnenen Panoramabildern zu erreichen, ist nach wie vor beträchtlich. Aber wer nicht den Mut zum Risiko entwickelt, kann nicht an Veränderungen mitwirken.

Konflikten liegen Probleme zugrunde, und wo es Probleme gibt, da sind auch Möglichkeiten der Problemlösung verborgen. Man/frau muß sie allerdings suchen und sich von gewohnten Bildern und Vorstellungen im eigenen Kopf lösen wollen und können. Alle Veränderung beginnt in den Köpfen, - mit Fragen an die wahrgenommene Realität oder Wirklichkeit. Wie wirklich ist diese Wirklichkeit, wenn über ihre Substanz, Form und Gestalt im Auge der BetrachterIn entschieden wird, - die Wahrnehmung von Realität also interessengebunden ist? Und welche Rolle im privaten Alltag, beruflichen Leben und gesellschaftlichen Pendelprozeß zwischen Stagnation und Innovation spielen unser aller tiefsitzenden Ängste vor Veränderungen - gleich welcher Art, auf welcher Ebene und welchen Umfangs?

Wer einen Blick in die einschlägigen Untersuchungen und Analysen zu den vieldiskutierten Krisenphänomenen unserer Wirtschafts- und Gesellschaftsordnung wirft, findet unter den meistzitierten Gründen für die herrschende Stagnation u.a. die folgenden:

- Fehleinschätzungen und Fehlentwicklungen in der Wirtschafts- und Sozialpolitik;
- Managementfehler der Wirtschaftseliten und Unternehmensführungen;
- Besitzstandswahrungspolitik von Parteien, Arbeitgebern und Gewerkschaften;
- bürokratische Organisationsstrukturen in Politik, Wirtschaft und Verwaltung;
- Ängstlichkeit, Risikoscheu statt Innovation und Kreativität;
- Konkurrenz und Machtkämpfe statt Kooperation;
- Säkularisierte Individualethik statt gruppenbezogenem Gemeinschaftsdenken.

In der Summe wird demnach auf der staatlichen Makroebene ebenso wie auf der mittleren Ebene der Kommunen, Verwaltungen, gesellschaftlichen Organisationen, Betrieben etc. und im Mikrobereich des beruflichen Alltags überwiegend mit individualistischem Eigeninteresse, Konkurrenzdenken und Konfliktritualen agiert statt mit den konstruktiven Qualitäten und Fähigkeiten der Menschen. Diesen Mißständen zunächst mit Einsichten und Erkenntnissen, dann allmählich mit einem veränderten Verhalten und verbesserten Konzepten und Organisationsstrukturen beizukommen, kann mit den derzeit so beliebten Kurzzeitrezepten und 1-Minuten-Management-Ratgebern unseres Erachtens nicht gelingen. Gefragt sind nicht die schnellen 10-Sekunden-Sprints und punktuellen Hoch- oder Weitsprünge in Rekordnähe, sondern die physische und psychische Kondition, die geistig-moralische Motivation und die kluge Teamfähigkeit von Querfeldein- oder LangstreckenläuferInnen in unwegsamem Gelände.

Es geht schließlich nicht um den kurzzeitigen Überraschungseffekt, sondern um einen systematisch und geduldig betriebenen Umbau organisatorischer Strukturen von Unternehmen und Einrichtungen und um Veränderungen in den persönlichen Verhaltensweisen der Organisationsmitglieder. Dies ist unsere dem folgenden Text zugrundeliegende gemeinsame Überzeugung. Die in Teil I versuchsweise diskutierten Entwicklungslinien der westdeutschen Nachkriegsgesellschaft mit ihrer bis in die Gegenwart reichenden Gewohnheit zur Leugnung unangenehmer Tatsachen und Verdrängung von Konflikten bilden die Folie des politischen, sozialen und kulturellen Umfelds für alle Bemühungen um konstruktive Konfliktlösungsverfahren, die wir bisher alle nur unzureichend beherrschen und noch lernen müssen. Das in Teil II vorgeschlagene Arbeitsmodell zur Optimierung von Konfliktlösungen erörtert im systemischen Rahmen kontextbezogene Transfer- und Vermittlungsprozesse, die all jenen nicht erspart bleiben, die an Veränderungen interessiert sind. Ob wir nun (in dem Bild von Lynch/Kordis gesprochen) die Mentalität von Karpfen entwickeln, die von den Haien demnächst gefressen werden, selbst Haie werden, um unsererseits die Karpfen zu fressen oder Delphinstrategien als Ausweg aus der selbstgezimmerten Falle entwickeln, - eines steht für uns außer Zweifel: der derzeit vielfach praktizierte Katastrophenkurs von Lemmingen führt in den Abgrund. Mit den organisatorischen Strukturen von gestern und den inhaltlichen Konzepten von heute lassen sich die Probleme von morgen nicht lösen.

Reinhilde Beck
Gotthart Schwarz

Konflikte zwischen Tabuisierung und Thematisierung

1 Zur Ambivalenz von Konfliktangst und Konfliktregelung

Streit ist häßlich, Auseinandersetzungen sind unproduktiv, Konflikte höchst überflüssig und schädlich. Wir alle haben schon im Elternhaus, im Kindergarten und in der Schule diese Lektionen einer frühzeitigen Konfliktabwehr und Konfliktverdrängung gelernt, - sehr viel weniger allerdings den friedlichen Umgang miteinander. Wer erinnert sich nicht an die Mahn- und Strafpredigten, den erhobenen Zeigefinger der Eltern, ErzieherInnen und LehrerInnen, daß ein braves Kind vor allem ein ruhiges, friedliches Kind ist? Welches kleine Mädchen ist nicht erzogen worden, jedem Streit aus dem Wege zu gehen und sich zurückzuhalten, sich nicht in den Vordergrund zu drängen, Szenen und Orte der Auseinandersetzung zu meiden? Und auch die Buben (jedenfalls die aus den sog. "besseren" Familien) lernen schon früh, daß Streit "häßlich" ist, lautes Schreien die Ruhe der Erwachsenen und die Haus- oder Schulordnung stört, der Kampf auf der Straße die NachbarInnen und die Polizei alarmiert. Vor allem lernen sie, daß ein (nach Meinung der Erwachsenen) unangemessenes Verhalten von Kindern zu Konflikten führt, bei denen sie in der Regel den kürzeren ziehen. Später heißt es dann: "Ruhe ist die erste Bürgerpflicht", "Streit führt zu nichts", "wer seine Nase zu hoch trägt, kriegt eins auf den Deckel". Und ein "Streithansl", "Prinzipienreiter" oder fanatischer Rechtssucher, wie der Roßhändler Michael Kohlhaas in der Kleistschen Novelle, sollte man auch nicht werden.

Streit ist häßlich

Streit führt zu nichts

Es soll hier nicht erörtert werden, welche Veränderungen in diesem Kanon pädagogischer Alltagssprüche zur Verhinderung von Identität, Selbstwertgefühl und Standfestigkeit die emanzipatorischen Erziehungskonzepte im Geiste von Summerhill und der antiautoritären 68-Generation in den letzten Jahren (hoffentlich) bewirkt haben. Aber wenigstens kurz muß auf die verborgenen, unterschwelligen Gefühle und Wünsche in uns allen hingewiesen werden, die neben dem internalisierten offiziellen Moral- und Verhaltenskodex unser Bewußtsein steuern und unser Handeln beeinflussen. Die unentdeckten oder verdrängten Anteile in uns, die wir immer dann spüren, wenn uns jene anarchische Lust am Streit, an der Aggression und am Konflikt überkommt, die vom Kopf bis in die geballte Faust vordringt und zur Tat schreiten will. "Mit der Faust auf den Tisch schlagen", "endlich mal Luft ablassen", "zur Sache kommen", "zeigen, wo's lang geht", "die Sau raus lassen" oder "den Saustall aufräumen", "kräftig hinlangen", "Randale, Bambule oder Ramba-Zamba machen", "action" gegen die Langeweile des Alltags und die Monotonie des Lebens setzen.

Lust am Streit

MANAGEMENT
Zur Ambivalenz von Konfliktangst und Konfliktregelung

Traditionelle Einübung in Konfliktangst und Konfliktverdrängung

Kritik, Auflehnung, Selbstbewußtsein

Das im vereinten Deutschland wieder gestärkte konservative Gesellschafts- und Erziehungsverständnis (beides hängt ja engstens zusammen), fürchtet den Konflikt wegen seiner zerstörerischen Auswirkungen auf die Familie, die Gemeinschaft und Gesellschaft insgesamt. Vor allem aber sind es die Folgen für einen möglichen Autoritätsverlust der amtierenden Oberhäupter in Familie, Staat und Gesellschaft, die Konflikte so bedrohlich machen. In jedem Konflikt steckt ja bekanntlich ein vitales Stück Kritik, Auflehnung, Selbstbewußtsein, Wille zur Selbstbehauptung, Machtanspruch, Bedrohung und potentieller Gewalt. Grund genug für Autoritäten aller Art, sich vor ihnen zu schützen. Am besten kann dies gelingen, wenn man/frau die eigene Angst vor Konflikten auf den anderen überträgt, der eventuell durch seine Konfliktbereitschaft oder Konfliktfähigkeit zum Gegner werden könnte. Konflikte werden also in wertkonservativen, autoritätsgebundenen Gesellschafts- und Erziehungskonzepten bewußt und zielgerichtet negativ definiert. Ihre zerstörerischen Auswirkungen und gefährlichen Folgen werden je nach Bedarf und Opportunität in subtilen Tönen oder schwärzesten Farben geschildert. Viele Kindermärchen sind wahre Fundgruben für die frühzeitige Einübung in Konfliktängste, Konfliktvermeidung durch Anpassung, Gehorsam, Unterwerfung und Verzicht. Wenn es aber dennoch zu Konflikten kommt, dann ist es entweder die Aufgabe eines mächtigen Herrschers, eines weisen Alten, einer gütigen Fee oder einer anderen auserwählten Autorität, den Konflikt beizulegen; gelingt dies nicht, sind Tod und Verderben, Untergang, Zerstörung und Verdammnis die unvermeidliche Folge. Auch dies läßt sich als ein Ergebnis autoritätsgebundenen konservativen Denkens über Mensch und Gesellschaft festhalten, daß Konflikte, die sich nicht vermeiden lassen, am ehesten, besten und effektivsten durch Macht- und Richtersprüche herausgehobener Autoritäten (Personen oder Gremien an Stelle der früheren Gottesurteile) beigelegt werden sollten.

Einübung in Konfliktvermeidung

2 Zur gesellschaftlichen Funktion und Bewertung von Konflikten

Wie in einem Spiegel lassen sich die tiefsitzenden Ängste und Abneigungen vieler Deutscher vor Konflikten und Krisen aller Art auch an ihren individuellen Überzeugungen, politischen Einstellungen und Verhaltensweisen in der Öffentlichkeit ablesen. Das Private spiegelt sich im gesellschaftlichen Kollektiv wider. Da mögen noch so viele empirische Untersuchungen die Tatsache belegen, daß moderne Gesellschaften keine harmonischen, friedfertigen und konfliktfreien Gebilde sind; daß vielmehr Meinungsstreit, Auseinandersetzungen und Abstimmungsprozesse zwischen konkurrierenden und kooperierenden Gruppen sowie eine Vielfalt an Werten, Zielen, Interessen und Erwartungen zum Alltag demokratisch verfaßter Gesellschaften und Organisationen gehören. Die Bedeutung gesellschaftlicher Konflikte und einer geregelten Konfliktbewältigung für moderne Demokratien blieb nicht nur dem vielzitierten "einfachen Mann auf der Straße" vielfach verschlossen, sondern auch maßgeblichen PolitikerInnen und RepräsentantInnen in Staat und Gesellschaft.

Moderne Gesellschaften sind keine konfliktfreien Gebilde

Gemeinschaft statt Gesellschaft - Harmoniebedürfnis mit Tradition

Moderne Gesellschaften sind keine konfliktfreien, harmonischen Gebilde. Wenige Lehren und Erfahrungen aus der neueren Geschichte und jüngeren Vergangenheit sind vielen Deutschen schwerer gefallen als diese Einsicht. Seit dem 18. Jahrhundert bis heute, vom deutschen Idealismus über die Romantik bis in die Neuzeit hält sich die Frage, wie eine *Emanzipation der Individuen* und die *Integration der Gesellschaft* sich vereinen lassen, auf der Tagesordnung aktueller politischer, sozialwissenschaftlicher und publizistischer Debatten. Ferdinand Tönnies hat sein Standardwerk "*Gemeinschaft und Gesellschaft*" (1887) vor mehr als hundert Jahren veröffentlicht, Helmut Plessner seine Analyse der "*verspäteten Nation*" im Jahre 1959 - und für einige neokonservative oder auch nur unzufriedene Intellektuelle werden seit 1989 in "anschwellenden Bocksgesängen" (Strauß 1994) nicht nur Fragen eines neuerlich drängenden Nationalgefühls und einer fehlenden Wert- und Sinngemeinschaft wieder aktuell, sondern auch deren Wort(ver)führer in Literatur, Philosophie und Staatsrecht, wie z.B. Ernst Jünger, Martin Heidegger und Carl Schmitt - um nur die derzeit meist zitierten und geehrten Namen zu nennen.

Emanzipation der Individuen

Integration der Gesellschaft

Gemeinschaft und Gesellschaft

Nichts fürchten auf der profanen politischen Ebene auch die großen "Volksparteien" und andere Großorganisationen (Gewerkschaften, Kirchen, Verbände) so sehr, wie den Streit in den eigenen Reihen, etwaige Flügelkämpfe und Redeschlachten auf Parteitagen, den Konflikt in programmatisch-ideologischen Grundsatzfragen, strategischen Richtungsentscheidungen etc. Nicht ohne Grund, wenn man auf die Berichterstattung in den Medien und die Wirkung in der Öffentlichkeit schaut. Denn kaum etwas ist für JournalistInnen so interessant wie ein veritabler Konflikt zwischen rivalisierenden Machtmenschen oder Machtgruppen in Politik, Wirtschaft, Sport oder Unterhaltung mit seinen medienwirksamen und quotenträchtigen Showeffekten.

Flügelkämpfe und Redeschlachten

MANAGEMENT

Zur gesellschaftlichen Funktion und Bewertung von Konflikten

Nichts schadet aber auch in der Öffentlichkeit den Parteien, Gewerkschaften, Kirchen und Fußballmannschaften so sehr wie der nach außen dringende Streit oder gar eine öffentlich geführte Auseinandersetzung. Nicht nur die WählerInnen bleiben weg, auch die Kirchen werden leerer, Gewerkschaftsmitglieder laufen davon, die Ränge in den Fußballstadien leeren sich. Wo Streit als Schwäche und als "unanständig" gilt oder als "krankhafte Streitsucht" ausgelegt wird, müssen Konflikte verdrängt, geleugnet und abgestritten werden. Geschlossenheit und Ordnung, Disziplin und Gehorsam, Durchsetzungskraft und Autorität sind es, die von politischen Parteien und ihren Führern ebenso erwartet werden, wie, neben dem wirtschaftlichen Erfolg, auch von Wirtschaftsunternehmen, Interessenverbänden und anderen Großorganisationen.

Geschlossenheit, Ordnung, Disziplin und Gehorsam

Streit als "positive Sozialkraft" für gesellschaftlichen Wandel

Dies ist umso überraschender, als der politische Konflikt und seine nach demokratischen Regeln ausgetragene Bearbeitung und Beilegung zu den Grundlagen demokratischer Gesellschaftstheorie, Verfassungslehre und Regierungspraxis gehört, deren Kenntnis man sich wiederum von politischen FunktionsträgerInnen erhofft. "Wo immer es menschliches Leben in der Gesellschaft gibt, gibt es auch Konflikt. Gesellschaften unterscheiden sich nicht darin, daß es in einigen Konflikte gibt und in anderen nicht; Gesellschaften und soziale Einheiten unterscheiden sich in der Gewaltsamkeit und der Intensität von Konflikten" (Dahrendorf 1965:171). Hinzugefügt werden muß: auch durch die Art und die Modalitäten ihrer Konfliktregelung.

Gesellschaftliche Funktion von Konflikten

Vor mehr als 60 Jahren schon hat Georg Simmel in seinen Untersuchungen über die Formen der Vergesellschaftung auf die aus soziologischer Sicht unbestrittene Bedeutung von Streit, Konflikt und Kampf hingewiesen. In den menschlichen und gesellschaftlichen Beziehungen, so Simmel, lassen sich zwei Kategorien feststellen, nämlich diejenigen, die eine *Einheit ausmachen* und diejenigen, die der *Einheit entgegenwirken*. Mensch und Gesellschaft haben an beiden Kategorien teil. "Wie der Einzelne die Einheit seiner Persönlichkeit doch nicht nur so gewinnt, daß ihre Inhalte nach logischen oder sachlichen, religiösen oder ethischen Normen restlos harmonieren, sondern wie Widerspruch und Streit nicht nur solcher Einheit vorangehen, sondern in jedem Augenblick ihres Lebens in ihr wirksam sind - so dürfte es keine soziale Einheit geben, in der die *konvergierenden* Richtungen der Elemente nicht von *divergierenden* unablöslich durchzogen wären. Eine Gruppe, die schlechthin zentripetal und harmonisch, bloß 'Vereinigung' wäre, ist nicht nur empirisch unwirklich, sondern sie würde auch keinen eigentlichen Lebensprozeß aufweisen; ... Wie der Kosmos 'Liebe und Haß', attraktive und repulsive Kräfte braucht, um eine Form zu haben, so braucht auch die Gesellschaft irgendein quantitatives Verhältnis von Harmonie und Disharmonie, Assoziation und Konkurrenz, Gunst und Mißgunst, um zu einer bestimmten Gestaltung zu gelangen." Und, so fährt Simmel an gleicher Stelle fort, "diese Entzweiungen

Liebe und Haß

Harmonie und Disharmonie

Assoziation und Konkurrenz

Zur gesellschaftlichen Funktion und Bewertung von Konflikten

sind keineswegs bloße soziologische Passiva, negative Instanzen, so daß die definitive, wirkliche Gesellschaft nur durch die andern und positiven Sozialkräfte zustände käme, und zwar immer nur so weit, wie jene es nicht verhindern. Diese gewöhnliche Auffassung ist ganz oberflächlich; die Gesellschaft, wie sie gegeben ist, ist das Resultat beider Kategorien von Wechselwirkungen, die insofern beide völlig positiv auftreten" (Simmel 1908: 248/49).

Nach der Niederringung des Faschismus in Deutschland hat Ralf Dahrendorf in seinen Analysen und Reflexionen zum Themenkomplex "Freiheit-Gesellschaft-Demokratie" auf die wichtige Bedeutung sozialer Konflikte für den gesellschaftlichen Wandel wieder aufmerksam gemacht. "Es ist meine These, daß die permanente Aufgabe, der Sinn und die Konsequenz sozialer Konflikte darin liegt, den Wandel globaler Gesellschaften und ihrer Teile aufrechtzuerhalten und zu fördern.... Als ein Faktor im allgegenwärtigen Prozeß des sozialen Wandels sind Konflikte zutiefst notwendig. Wo sie fehlen, auch unterdrückt oder scheinbar gelöst werden, wird der Wandel verlangsamt und aufgehalten. Wo Konflikte anerkannt und geregelt werden, bleibt der Prozeß des Wandels als allmähliche Entwicklung erhalten. Immer aber liegt im Konflikt eine hervorragende schöpferische Kraft von Gesellschaften. Gerade weil sie über bestehende Zustände hinausweisen, sind Konflikte ein Lebenselement der Gesellschaft - wie möglicherweise Konflikt überhaupt ein Element allen Lebens ist" (Dahrendorf 1961: 125).

Konflikte als schöpferische Kraft

3 Krisenangst und Konfliktverdrängung in der Bundesrepublik

Offene Gesellschaft - autoritäre Demokratie?

Eiserner Vorhang Ost-West-Konflikt Mauerbau

Die Brisanz dieser Sätze erschließt sich der heutigen LeserIn nur durch einen Rückblick auf die politische Situation zum Zeitpunkt ihrer Veröffentlichung vor mehr als 30 Jahren. 1961 war mit dem Mauerbau quer durch Deutschland einer der Höhepunkte im Ost-West-Konflikt zwischen den rivalisierenden Supermächten UdSSR und USA samt ihren in Militärblöcken zusammengeschlossenen Partner- oder Satellitenstaaten erreicht. Der seit 1945/46 bestehende "Eiserne Vorhang" war durch die Betonmauer ersetzt, der politisch, militärisch, gesellschaftlich und ökonomisch zwischen den einst verbündeten Siegermächten verbissen geführte Konflikt in eine neue Dimension gesteigert worden. In dieser Phase massivster politischer, ideologischer und militärischer Konfrontation zweier verfeindeter Bündnissysteme mußte die sozialwissenschaftliche These, daß derartigen Konflikten eine "schöpferische Kraft" innewohne und sie ein "Lebenselement der Gesellschaft" seien, das diese vor Stagnation bewahre und durch sozialen Wandel zu ihrer Entwicklung beitrage, geradezu als eine unerhörte Provokation wirken.

„Formierte Gesellschaft"

Auch innen- und gesellschaftspolitisch standen die Zeichen auf Ordnung, Stabilität und Konformität. Kritik wurde als Aufsässigkeit, Protest als Gefährdung des Gemeinwesens und Opposition als Verrat diffamiert. Unterstützt wurde diese Entwicklung einer "formierten Gesellschaft" (L. Ehrhardt) im "CDU-Staat" (Schäfer/Nedelmann 1969) von einem Grundgesetz, das wie kaum eine andere demokratische Verfassung ohne jeden Optimismus in die Faszination der demokratischen Idee ist. Ohne Zuversicht in die demokratische Vernunft seiner BürgerInnen und in die Funktionsfähigkeit eines parlamentarischen Wechselspiels zwischen Regierung und Opposition, schränkt es die demokratische Substanz der Verfassung fast bis an die Grenze des Zulässigen ein. Der konservative Publizist Rüdiger Altmann sah in dem Grundgesetz schon vor 35 Jahren ein "konstruktives Mißtrauensvotum gegen die Demokratie", in dem aus Angst vor einer Wiederholung des Weimarer Debakels die "Krisenangst ins Gouvernementale" umgeschlagen sei (Altmann 1960:28). Direkte, plebiszitäre Mitwirkungsrechte des Volkes (nach der Verfassung immerhin der Souverän) sind auf unbedeutende Restbestände reduziert (Neuordnung der Länder), Volksbegehren und Volksentscheide (in einigen Länderverfassungen vorgesehen) entfallen auf Bundesebene, nicht einmal den Bundespräsidenten dürfen die BürgerInnen wählen. Die innere Ordnung der Parteien ist vorgeschrieben, verfassungsfeindliche Parteien oder solche, die vom Bundesverfassungsgericht dafür gehalten werden, müssen verboten werden.

Krisenangst und konstruktives Mißtrauensvotum

Das Parlament ist weniger Kontrollorgan der Regierung als vielmehr nach dem Selbstverständnis der jeweiligen Mehrheitsfraktion deren parlamentarische Hilfstruppe. Die Lust am parlamentarischen Streit und die Bereitschaft, notwendige Konflikte auszutragen, um das Gemeinwesen voranzu-

Krisenangst und Konfliktverdrängung in der Bundesrepublik

bringen, sind in der westdeutschen Nachkriegsdemokratie von Anbeginn nicht sonderlich stark entwickelt. Die parlamentarische Demokratie in der Bundesrepublik ist vor allem eine (von Konrad Adenauer und Helmut Kohl geformte) *Kanzlerdemokratie*. Die Herrschaft dieser beiden bisher am längsten amtierenden Regierungschefs weist viele Gemeinsamkeiten auf: sie ist so autoritär wie möglich, so parlamentarisch wie nötig und demokratisch lediglich in dem Sinne, daß sie die Zustimmung des Volkes in einer Reihe von Personalplebisziten sucht und bis heute findet.

Kanzlerdemokratie

Konformitätsdruck nach innen und ideologische Geschlossenheit nach außen begleiten auch den Wandel der beiden großen "Volksparteien" zu modernen, an Machterwerb und Machterhalt orientierten Organisationszentralen. Die innerparteiliche Auseinandersetzung, Diskussion und Kritik nehmen ab, Konflikte gelten als lästig, unproduktiv und schädlich. Wer darauf besteht, gilt als "Abweichler" und wird ausgegrenzt oder durch Kooptation in die Führungselite neutralisiert. Abweichung wird sanktioniert, Anpassung prämiiert. So jedenfalls ist der Eindruck, den die großen Parteien einer kritischen Öffentlichkeit bis heute bieten.

Konformitätsdruck und ideologische Geschlossenheit

"Mehr Demokratie wagen?"

Einen Bruch in dieser Entwicklung schien die von der linken Studentenbewegung und der aus ihr hervorgehenden außerparlamentarischen Opposition initiierte und getragene Protestbewegung gegen den schleichenden Entdemokratisierungsprozeß in Staat und Gesellschaft zu signalisieren. Dem Auftakt im sogenannten "Revolutionsjahr der Jugend" 1968 folgte der Regierungswechsel im Herbst 1969 mit dem Versprechen, die westdeutsche Nachkriegsgesellschaft in ihren erstarrten gesellschaftlichen Strukturen nicht nur zu modernisieren, sondern durch einen fundamentalen Demokratisierungsprozeß auch zu erneuern. "*Mehr Demokratie wagen*", lautete die zündende Formel in der ersten Regierungserklärung einer sozialliberalen Koalition. Das war ein Versprechen auf Meinungsfreiheit, demokratische Erziehung, den Abbau von Hierarchien und autoritären Strukturen, wo immer sie in der Gesellschaft noch vorzufinden waren.

Abschied von der autoritären Demokratie

Mehr Demokratie wagen

Gegen die in Politik und Öffentlichkeit jener Jahre verbreitete Auffassung einer zum Quasi-Einparteienstaat (de)"formierten Gesellschaft" wurde das dem Grundgesetz angemessene, verfassungsgemäße Verständnis individueller Freiheiten und demokratischer Konfliktregelung in vier zentralen gesellschaftlichen Bereichen gestellt:

a) Meinungsfreiheit und pluralistische Meinungsvielfalt, Interessengegensätze und die Möglichkeit offener Diskussion und Auseinandersetzung sind in demokratischen Gesellschaften unabdingbar, weil jede Freiheit zur Vielfalt führt und nur die Vielfalt die Freiheit bewahrt.

Freiheit führt zur Vielfalt

b) Meinungsunterschiede und Interessengegensätze, die aus der unterschiedlichen Stellung und Interessenlage der Menschen im sozialen System resultieren, dürfen nicht verdrängt, unterdrückt oder bekämpft werden, sondern müssen in einem geregelten Verfahren diskutiert, verhandelt und entschieden werden. Nicht die Ursachen von Konflikten

Vielfalt bewahrt die Freiheit

sind das Problem (jedenfalls nicht in erster Linie), sondern die Frage, ob es gelingt, einen von allen Beteiligten akzeptierten Modus der Konfliktregelung zu finden und anzuwenden.

Modus der Konfliktregelung

c) Hierzu braucht die Gesellschaft Strukturen, Institutionen und Organisationen, die bereit und in der Lage sind, den Interessenausgleich zwischen den sozialen Schichten, ökonomischen und politischen Gruppen, weltanschaulichen Gemeinschaften etc. verbindlich herzustellen. Regierung und Opposition, Parteien, Verbände, Kirchen, Vereine, die zahlreichen Bürgerinitiativen und Selbsthilfegruppen, Recht, Bildung, Wissenschaft und Kunst, die Medien, - sie alle haben nach der Verfassung die Aufgabe und das Recht, an dem Interessenausgleich durch Meinungs- und Konsensbildung mitzuwirken. "Die Demokratie kann nur dann Dauer und Bestand gewinnen und sich entwickeln, wenn diese Vielfalt der Institutionen, Organisationen, Gruppen, Meinungen, Auffassungen einschließlich einer relativen Autonomie der Sektoren des Gesellschaftslebens erhalten und gesichert werden und ihr durch die demokratischen Spielregeln vermittelter Einfluß auf die Politik garantiert wird" (Lange 1961:133). Was für die Makroebene des Staates und der Gesellschaft gilt, ist auf der Mikroebene z.B. der Familie nicht anders. "Der Konflikt beginnt zu Hause. Wie jede andere Institution läßt sich auch die Familie als ein System der Regelung von Konflikten beschreiben" (Dahrendorf 1965:165).

Verfahren und Spielregeln

d) Schließlich sind es die für die Konfliktlösung vorgesehenen Verfahren und Spielregeln, die für eine demokratische Gesellschaftsordnung unerläßlich und charakteristisch sind. Wie offen werden Interessen, abweichende Meinungen, persönliche und politische Zielsetzungen geäußert? Wie stehen die Chancen der beteiligten Gruppen und Personen auf gleichberechtigte Einflußnahme? Werden individuelle Interessen und Rechte geachtet, sind die Chancen gleich verteilt, ist der Ausgang offen oder manipuliert? Gibt es ein faires Verfahren durch umfassende Information und sachliche Diskussion? Geht es allen Konfliktbeteiligten um eine rationale Lösung oder um die Emotionalisierung der Konflikte?

Der Weg in die "Wende" der 80er Jahre

Absturz und Ernüchterung

Doch dem idealistischen Höhenflug und vermeintlichen Aufbruch in ein neues demokratisches Zeitalter folgten der Absturz und die tiefgreifende Ernüchterung auf dem Fuße. Ölschock und Energiekrise (1973), der Rücktritt des Bundeskanzlers Willy Brandt (1974), Wirtschaftskrise und erste Einschnitte in die sozialen Sicherungssysteme (1976), Terroraktionen der Rote-Armee-Fraktion und "Deutscher Herbst" (1977), Berufsverbote und andere Einschränkungen demokratisch-parlamentarischer Grundrechte, Überfall der Sowjetunion auf Afghanistan, Beginn der Nachrüstung und Massenproteste der Friedensbewegung, die dramatisch ins Bewußtsein tretende Umweltzerstörung, Wahlverluste der großen Volksparteien (insbesondere der SPD) und das neuerliche Erstarken einer

Krisenangst und Konfliktverdrängung in der Bundesrepublik

aktiven, außerparlamentarischen Friedens-, Umwelt-, Frauen- und Alternativbewegung markieren die Wegphasen in den Regierungsverlust der sozialliberalen Koalition.

Die mit diesen Entwicklungen einhergehende Konfliktmüdigkeit, Konfliktscheu und Konfliktverdrängung auch auf Seiten der progressiv-emanzipatorischen gesellschaftlichen Gruppen darf in diesem Zusammenhang nicht übersehen werden. Ursprünglich, d.h. in ihren stürmischen Anfängen Ende der 60er, Anfang der 70er Jahre waren die Manifeste und pädagogischen Konzepte durchaus (klassen)kämpferisch formuliert, scharf in der Analyse und Kritik der „repressiven Toleranz" (Marcuse) der bürgerlich-liberalen Gesellschaft mit ihren Unterdrückungsmechanismen in Familie, Schule, Betrieb, aber auch in Jugendzentren, Kindergärten etc..Wenige Schriften wurden neben den blauen Bänden von Karl Marx so viel gelesen und zitiert wie die kämpferische Abrechnung mit der bürgerlich-kapitalistischen Pädagogik „Gefesselte Jugend" von Ahlheim u.a. (1977), die scharfsinnige Analyse der „Sozialarbeit unter kapitalistischen Produktionsbedingungen" von Hollstein/Meinhold (1975) und die von E. Goffman mit dem soziologischen Skalpell vorgenommenen Autopsien der "totalen Institutionen" wie Gefängnisse, Psychiatrische Krankenhäuser, Kasernen, Schulen und andere Bollwerke bürgerlicher Herrschaft und Machterhaltung (1973). "Macht kaputt, was Euch kaputt macht!" oder "Wer sich nicht wehrt, lebt verkehrt!" waren die Kampfesrufe jener gegen die Zustände in Staat und Gesellschaft aufbegehrenden Teile der Jugend, die über die Protestbewegung hinausstrebten, denen es weniger um Reformen im Staat als um seine Abschaffung und eine neue Gesellschaft ging. Provokation und Konflikt, revolutionäre Ungeduld und aktiver Kampf wurden zwar mehr propagiert und deklamiert als praktisch realisiert, galten aber als legitime Mittel im revolutionären Umwälzungsprozeß, dessen Zeitzeugen und Kampfgefährten viele jüngere Menschen damals zu sein glaubten. In der Sozialarbeit wurden die aus den USA importierten Konzepte der aktivierenden, konfliktorientierten Gemeinwesenarbeit populär. SozialarbeiterInnen wandten sich den unterprivilegierten Randgruppen in der Absicht zu, ihnen bei der Entwicklung eines kämpferischen Selbstbewußtseins zu assistieren, ihre Konfliktfähigkeit zu stärken und an ihrer Seite für die Verbesserung ihrer Lebensbedingungen zu kämpfen. Antikapitalistische Jugend- und Sozialarbeit wollte ihren Beitrag zur notwendigen Veränderung der Gesellschaft leisten, indem sie sich in den, wie sie meinte, revolutionären Umwälzungsprozeß der Gesellschaft eingliederte und an die revolutionären Traditionen, Bilder und Mythen vergangener Zeiten wieder anknüpfte. Da war viel illusionäre Romantik mit im Spiel und eine grandiose Fehleinschätzung der tatsächlichen Lage und realen Machtverhältnisse.

Konfliktmüdigkeit, Konfliktscheu, Konfliktverdrängung

Provokation und Konflikt, revolutionäre Ungeduld, aktiver Kampf

Konfliktorientierte Gemeinwesenarbeit

Illusionäre Romantik und Fehleinschätzung

Von der "repressiven Toleranz" zur "neuen Unübersichtlichkeit"

Als die Rauchschwaden und Nebeldämpfe der Straßenkämpfe anläßlich Vietnam-Demonstrationen, Schah-Besuch, Springer-Blockaden und Häuserbesetzungen sich verzogen hatten, der vermeintlich bankrotte bürgerlich-kapitalistische Staat seine Drachenzähne und Eisenkrallen gezeigt hatte und

MANAGEMENT

Krisenangst und Konfliktverdrängung in der Bundesrepublik

"Pädagogische Wende" der Sozialarbeit

Rückzug in die "Innerlichkeit"

Alternative Milieus

"Patchwork-Identität"

Neue Unübersichtlichkeit
Risikogesellschaft

erzwungene Ruhe wiedereingekehrt war, war auch das Ende der Konfliktpädagogik und Provokationsstrategie nicht mehr fern. Die "pädagogische Wende" der Sozialarbeit Anfang der 80er Jahre läutete einen erneuten Paradigmenwechsel in den Erziehungseinrichtungen und -berufen ein. Der nach außen getragenen Kampf- und Konfliktbereitschaft folgte der Rückzug in die neuentdeckte "Innerlichkeit". Selbsterfahrung, Selbstverwirklichung und therapeutische Konzepte füllten die durch gescheiterte Hoffnungen freigewordenen Räume in den Köpfen und Herzen der müde gewordenen KämpferInnen von einst, - vor allem aber im Bauch. Denn mit dem Bauch zu fühlen war nun wichtiger geworden, als mit dem Kopf zu denken. An die Stelle der Parteikader, Konfliktbewegungen und antikapitalistischen Zellen von gestern traten alternative Milieus, die in Nischen leben und überleben wollten. Der autoritären "Charaktermaske", die für die 68er-Generation das alte System verkörperte und dem "autonomen Street-fighter", der die versteinerten Verhältnisse zum Tanzen bringen wollte, folgten die Protagonisten einer "Patchwork-Identität" (Keupp), denen im Bezug auf sich selbst und die Gesellschaft, in der sie leben, die Orientierung abhanden gekommen ist. Individualisierung, Pluralisierung der Lebensstile, Wertewandel, neue Unübersichtlichkeit und Risikogesellschaft sind zu den vielzitierten Etiketten einer tiefgreifenden Umbruchsphase und Orientierungskrise geworden (Beck 1986). Wo es aber an Orientierung und klaren Perspektiven fehlt, sind auch die Mißstände und die für sie verantwortlichen Ursachen nicht mehr eindeutig auszumachen. Konfliktursachen und Konfliktgegner werden unscharf, der öffentliche Streit über Grundsatzfragen der Gegenwart und Zukunft verliert an Bedeutung und wird umso kleinkarierter geführt. Die Streitkultur degeneriert zum Machtgerangel rivalisierender Interessengruppen um Wählerstimmen, Marktanteile, Auflagenstärken und Einschaltquoten. Konflikte werden wieder dysfunktional wahrgenommen, wirken abschreckend auf die potentielle Kundschaft und gefährden den Erfolg.

4 Begriff, Verständnis, Definition von Konflikten

In den letzten Jahren ist der Begriff Konflikt zu einem inflationistisch verwendeten "Plastikwort" (Ruschel 1990) der Alltagssprache geworden, von schwammiger Gestalt, mehr verwirrend als erklärend und vielseitig verwendbar. Der Ehekrach avanciert zum Ehekonflikt, Spannungen in der Familie oder zwischen SchülerInnen und LehrerInnen eskalieren zum Generationskonflikt; Lohnverhandlungen werden zum Tarifkonflikt, Autoritätskonflikte signalisieren den Verfall patriarchaler Gewalt bei Vätern, Vorgesetzten, Kirchenfürsten, Polizeipräsidenten und Mafiabossen. Wo die aktuellen gesellschaftlichen Entwicklungen zu Erosionen, Verschiebungen und Veränderungen im Status quo führen, sind Konflikte nicht fern - wo ein Rauch, da auch ein Feuer.

Konflikt - ein Plastikwort?

Die kriegerische Wurzel des Wortes ahnt auch, wer des Lateinischen nicht kundig ist. "Arma confligere", die Waffen vor dem Kampf möglichst laut zusammenschlagen, um dem Feind einen gehörigen Schrecken einzujagen, ihn womöglich vor Beginn der Schlacht in die Flucht zu schlagen. So das dem Begriff zugrundeliegende Bild, das uns den Lärm und die angedrohte Gewalt immerhin noch erahnen läßt. Aber hilft es uns im Alltag weiter? Lassen die mit diesem Bild transportieren Ängste vor Konflikten den unbefangenen Umgang oder auch nur eine nüchterne Betrachtung zu? Bilder können zwar häufig mehr erklären als Worte, aber manche führen auch in die Irre, müssen ersetzt oder aktualisiert werden.

Die Waffen zusammenschlagen

Was ist ein Konflikt?

Welche Einsichten, Aufschlüsse und Erkenntnisse über Konflikte lassen sich bei einem kurzen Blick in die vorliegende Fachliteratur gewinnen und führt dies weiter auf dem Wege der Erkenntnis? In seinem zum Standardwerk avancierten Handbuch zur Diagnose und Behandlung von Konflikten bietet Friedrich Glasl eine kommentierte Auswahl wissenschaftlicher Definitionen von sozialen Konflikten an, die hinsichtlich ihrer Bandbreite und Problemfokussierung, ihrer analytischen Präzision und ihres Erklärungsgehalts sehr unterschiedlich ausfallen. Einige sollen im folgenden kurz vorgestellt werden (Glasl 1990:12ff):

☐ "Ein Konflikt ist gegeben, wenn man untereinander eine *Uneinigkeit* hat" (Berlew 1977). Hier wird u.E. eine Tautologie angeboten, insofern der Konflikt als Uneinigkeit interpretiert, aber nicht erklärt wird, also zu keinem Erkenntnisgewinn führt.

Uneinigkeit

☐ "Der Begriff des Konflikts soll zunächst jede Beziehung von Elementen bezeichnen, die sich durch objektive (latente) oder subjektive (manifeste) *Gegensätzlichkeit* auszeichnet" (Dahrendorf 1961:201). Auch diese Formulierung umschreibt den Konfliktbegriff mehr als daß sie ihn analysiert und definiert. Konflikte sind also durch "Gegensätzlichkeit" gekennzeichnet; die Kriterien für diese Gegensätzlichkeit (objektiv/subjektiv; latent/manifest) bleiben aber ungeklärt.

Gegensätzlichkeit

MANAGEMENT
Begriff, Verständnis, Definition von Konflikten

Unvereinbare Handlungstendenzen

❑ Nur wenig präziser liest sich die Definition aus der Feder des Psychologen: "Ein interindividueller - sogenannter sozialer - Konflikt liegt dann vor, wenn zwischen Konfliktparteien, die jeweils aus zumindest einer Person bestehen, *unvereinbare Handlungstendenzen* beobachtet werden" (L.v.Rosenstiel 1980:165). Ist interindividuell also gleich sozial? Gibt es Konfliktparteien mit weniger als einer Person? Sind Konflikte identisch mit unvereinbaren Handlungstendenzen?

Unvereinbare Ziele Verhaltensweisen Interessen

❑ Anglo-amerikanische Autoren, auf die sich Glasl bezieht, betonen die Gegensätze in den Zielen und/oder Interessen der Konfliktparteien, von denen es wenigstens zwei geben muß: "Social conflict is a relationship between two or more parties who (or whose spokesmen) believe they have *incompatible goals*" (Kriesberg 1973:17); "Conflict is *incompatible behavior* between parties whose *interests* differ" (Brown 1983). Unvereinbare Interessen oder Ziele sind demnach die entscheidenden Merkmale eines Konflikts. Auch diese Feststellung ist für eine Definition etwas mager und zu sehr auf einen Teilaspekt reduziert.

Zusammenprall widerstrebender Kräfte

❑ "Der Begriff Konflikt bedeutet - grob genommen - den Zusammenprall zweier oder mehrerer widerstrebender Kräfte. Solche Kräfte können innerhalb einer Person (intrapersonal) auftreten, z.B. Verstand und Gefühl, oder Wollen und Können, aber auch zwischen Personen (interpersonal), z.B. Einstellungen, Meinungen, Wünsche und Wertungen. Daneben wissen wir von systembedingten Kräfte, die innerhalb von Organisationen, Kollektiven und Gruppen aufeinandertreffen können, z.B. Verteilung von Gruppenlohn oder Lohnkonflikt zwischen Arbeitgebern und Gewerkschaften (Inter-Gruppen-Konflikt)" (Geißler/v.Landsberg/Reinartz 1990: Glossar, S.K2/K3).

Konflikt als Prozeß

❑ Komplexeren Definitionsversuchen wie z.B. von Thomas (1976), Prein(1982) und Rüttinger (1980) gehört unverkennbar Glasl's Sympathie: "Dyadic conflict will be considered to be a process which includes the perceptions, emotions, behaviors, and outcomes of the two parties (...). Conflict is the process which begins when one party perceives that the other has frustrated, or is about to frustrate, some concern of his" (Thomas 1976:891). Konflikt als ein Prozeß, in dem Wahrnehmungen, Gefühle, Verhalten und Ergebnisse eine Rolle spielen, durch die eine Seite sich verletzt oder gefährdet sieht - das kommt der Wirklichkeit schon näher.

Sozialer Konflikt

Psychologische Wirklichkeit

❑ "Wir sprechen von einem sozialen Konflikt, wenn wenigstens zwischen zwei Parteien die Interessen, Ziele, Rollen und/oder Auffassungen miteinander unvereinbar sind oder scheinen. Ein Konflikt ist erst dann eine psychologische Wirklichkeit, wenn sich wenigstens eine Partei (gleichgültig ob zu recht oder nicht) der Tatsache bewußt ist, daß die andere Partei sie bei der Verwirklichung der Interessen, Ziele, Rollen und/oder Auffassungen frustriert, darüber Gefühle der Feindseligkeit erlebt und auch ihrerseits die Gegenpartei hindert" (Prein 1982).

Begriff, Verständnis, Definition von Konflikten

❑ Rüttinger schließlich faßt alle genannten Elemente zusammen und formuliert: "Soziale Konflikte sind Spannungssituationen, in denen zwei oder mehrere Parteien, die von einander abhängig sind, mit Nachdruck versuchen, scheinbare oder tatsächlich unvereinbare Handlungspläne zu verwirklichen und sich dabei ihrer Gegnerschaft bewußt sind" (Rüttinger 1980:22). Ob beide Parteien voneinander abhängig sein und sich ihrer Gegnerschaft bewußt sein müssen, bezweifelt Glasl, stimmt aber ansonsten dieser Definition weitgehend zu.

Spannungssituation Gegnerschaft

❑ Seine eigene Definition sieht Glasl als den Versuch einer umfassenden Synthese aller von Thomas, Prein und Rüttinger aufgeführten Aspekte und Elemente: "Sozialer Konflikt ist eine Interaktion zwischen Aktoren (Individuen, Gruppen, Organisationen usw.), wobei wenigstens ein Aktor Unvereinbarkeiten im Denken, Vorstellen, Wahrnehmen und/oder Fühlen und/oder Wollen mit dem anderen Aktor (anderen Aktoren) in der Art erlebt, daß im Realisieren eine Beeinträchtigung durch einen anderen Aktor (die anderen Aktoren) erfolgt" (Glasl 1990:14/15).

Die zentralen Definitionselemente nach Glasl stellen klar, daß ein Konflikt auf *Unvereinbarkeiten* sei es im *Denken, Vorstellen, Wahrnehmen, Fühlen oder Wollen* beruht, die wenigstens von einer Seite so empfunden werden müssen. Zu dieser Unvereinbarkeit muß aber noch ein entsprechendes *Interaktionshandeln* einer Seite hinzutreten, das von der anderen Seite (ob zu recht oder nicht) als eine *Beeinträchtigung* der eigenen Ziele, Interessen, Gefühle oder Vorstellungen empfunden wird. Glasl warnt, unseres Erachtens zu recht, vor einem in Mode gekommen inflationistischen Gebrauch des Konflikt- und Krisenbegriffs, der jede Meinungsdifferenz, Spannungssituation, Mißstimmung oder Antipathie gleich zum Konflikt erklärt. In dieser Unschärferelation ist letztlich alles im Leben mit Konflikten verbunden, frei nach dem Motto von Erich Kästner: "Seien wir ehrlich, Leben ist immer lebensgefährlich".

Unvereinbarkeit im Denken, Wahrnehmen, Fühlen oder Wollen

Konflikte und Nicht-Konflikte

Mit Glasl wollen auch wir an der Unterscheidung von Konflikten und jener Fülle möglicher Interaktionen festhalten, die zwar zu Konflikten führen können, dies aber nicht in jedem Falle müssen und selbst keinesfalls schon ein Konflikt sind. Zu den Nicht-Konflikten zählen nach Glasl (aaO:16/17):

❑ *Unvereinbarkeiten nur im kognitiven Bereich*

Unterschiede in der Wahrnehmung von Ereignissen, in den Meinungen und Ansichten, Formulierungen und Begriffen, in der Analyse von Sachverhalten und im theoretisch-philosophischen Denken können zu Meinungsverschiedenheiten, logischen Widersprüchen und semantischen Unterschieden führen. Als solche sind sie Voraussetzungen für Kreativität und Entwicklung, wenn mit ihnen konstruktiv umgegangen wird. Keinesfalls sind sie a priori als Konflikte zu definieren, noch müssen sie zu Konflikten führen.

Meinungsverschiedenheiten, Widersprüche, Unterschiede

Begriff, Verständnis, Definition von Konflikten

❏ *Unvereinbarkeiten nur im Fühlen*

Können akzeptiert werden

Auch die Unterschiede im Fühlen und Erleben, Genießen und Entspannen können zwischen Menschen wechselseitig toleriert, akzeptiert und respektiert werden, ohne daß es zu Konflikten führen muß. Individuelle Geschmacks-und Gefühlsrichtungen können belebend und bereichernd wirken, wenn die Kommunikations- und Interaktionsbeziehungen, die räumlichen oder sonstigen äußeren Bedingungen es zulassen. Emotionale Widersprüche und ambivalente Gefühle können wir schließlich auch in uns selbst verspüren, ohne daß wir sie gleich als Konflikt wahrnehmen oder nach außen tragen müssen.

❏ *Unvereinbarkeiten nur im Wollen*

Müssen möglich sein

Solange wir unterschiedliche Absichten und Willenserklärungen nicht in entsprechendes Handeln umsetzen, läßt sich in der Regel noch nicht von Konflikten sprechen. Die Diskussion ermöglicht noch den Weg zur Einigung und Konfliktvermeidung. Unterschiede im Wollen, divergierende Absichtserklärungen und Willensbekundungen müssen möglich sein, wenn die Freiheit nicht unzulässig eingeschränkt werden soll. Das individuelle Wollen unterdrücken oder sanktionieren läuft auf eine Manipulation hinaus, die ihrerseits ein Akt der (subtilen) Gewalt ist und zu Konflikten führen muß.

❏ *Unvereinbares Verhalten stößt aufeinander*

Vom Zwischenfall zum Konflikt

Auch unvereinbares Verhalten muß nicht immer zum Konflikt führen. Wer einem anderen unbeabsichtigt zu nahe oder auf die Füße tritt (in der U-Bahn oder im Lift), beim Einparken ein anderes Auto beschädigt, kann durch eine Entschuldigung oder Wiedergutmachung des Schadens den Konflikt vermeiden. Niemand kann sich im heutigen modernen Großstadtleben durchgehend so verhalten, daß andere Menschen durch ihn nicht beeinträchtigt werden bzw. er nicht Rücksicht auf sie nehmen muß. Solange diese Beeinträchtigungen zufällig, situationsbedingt, ohne Absicht und negative Gefühle erfolgen, kann wohl von einem "Zwischenfall", einer "Panne", einem "Inzident" (Glasl) gesprochen werden, aber kaum von einem Konflikt. Um aus letzterem einen Konflikt zu machen, muß die Angelegenheit "eskalieren", sei es mit oder ohne Absicht der Beteiligten. Dies ist allerdings möglich und nicht selten der Fall. Jeder noch so geringe Vorfall kann zum Anlaß genommen werden, um unbeabsichtigt oder planvoll einen Konflikt herbeizuführen, in dem ganz andere Dinge zur Entscheidung anstehen.

Eskalations- und Dramatisierungsstrategie

Konflikte sind also nicht statisch zu sehen, sie sind Prozesse mit einer Vorgeschichte, Entwicklungsphase und Eskalationsdynamik. Aus kleinsten Anlässen können Konflikte entstehen, wenn die Beteiligten (bewußt oder ungewollt) einer Eskalations- und Dramatisierungsstrategie folgen, die aus anfänglichen Unstimmigkeiten Gegensätze, aus Gegensätzen Unvereinbarkeiten und aus diesen Feindschaften entwickelt. Dieser Prozeß der Konfliktentstehung und Konfliktverschärfung kann in den mei-

Begriff, Verständnis, Definition von Konflikten

sten Fällen auf jeder Stufe angehalten und unterbrochen werden - wenn der Wille vorhanden und die Kompetenz im Umgang mit Konflikten gegeben ist. Für die Konfliktanalyse und die Konfliktbehandlung ist es wichtig zu erkennen, daß Konflikte in einem Prozeß entstehen, dessen Rahmenbedingungen verändert und dessen Abläufe unterbrochen werden können, weil sie nicht naturwüchsig sind.

Konflikte und Nicht-Konflikte

	Unvereinbarkeiten erleben im:			
	Denken	Fühlen	Wollen	Handeln
Logischer Widerspruch	X			
Meinungsdifferenz	X			
Mißverständnis	X			
Fehlperzeption	X			
semantische Unterschiede	X			
Gefühlsgegensätze		X		
Ambivalenz		X		
Antagonismus			X	
Inzident				X
Spannung	X	X		
Krise	X	X	X	→
Konflikt	X &/oder	X &/oder	X UND	X

Quelle: Glasl 1990:17

Abb. 1

Nicht der Konflikt ist das Problem

Halten wir also den Paradigmenwechsel, die geänderte Sichtweise und den konstruktiven Blickwinkel auf soziale Konflikte noch einmal fest: "Konflikte sind alltägliche Ereignisse überall dort, wo Menschen beieinander und miteinander leben. Wir müssen mit ihnen leben, müssen lernen, sie zu ertragen und sie zu bewältigen. Während bis vor wenigen Jahren Konflikte eher als zerstörerisch gesehen wurden, betrachtet man sie heute auch als innovatorische Chance, gar als Motor für Fortschritt und sozialen Wandel." (Geißler/v. Landsberg/Reinartz 1990: Glossar, S.K2/K3).

Motor für Fortschritt und sozialen Wandel

Konflikte sind normal, allgegenwärtig und produktiv nutzbar. "Nicht der Konflikt ist das Malheur, sondern die Unfähigkeit eines Menschen oder einer Organisation, ihn zu regeln". Konflikte werden heute vielmehr als "*soziale Sachverhalte*" gesehen, die wir als Bestandteil unseres Lebens zur Kenntnis nehmen müssen und mit denen wir uns auseinandersetzen müssen, um aus

MANAGEMENT
Begriff, Verständnis, Definition von Konflikten

ihnen das Beste zu machen. Was dem Einzelnen als lästig erscheinen mag, kann für das Ganze eine Lern- und Innovationschance sein. Das in einem Konflikt liegende Energiepotential kann zum Motor für Fortschritt und sozialen Wandel werden, wenn es richtig gesteuert wird. Dieser Aufgabe widmet sich das Konfliktmanagement" (Ruschel 1990: 6.1.1.0, S.3/4).

Positive Funktion Konflikte erfüllen also positive Funktionen für ihre jeweiligen sozialen Einheiten in menschlichen Gruppen, wirtschaftlichen, bürokratischen, militärischen oder sonstigen Organisationen und in der Gesellschaft insgesamt:

Konflikte erfüllen positive Funktionen

- sie weisen auf Probleme hin
- sie fördern Innovation
- sie erfordern Kommunikation
- sie verhindern Stagnation
- sie regen Interesse an
- sie lösen Veränderungen aus
- sie stimulieren Kreativität
- sie festigen Gruppen
- sie führen zu Selbsterkenntnissen
- sie verlangen nach Lösungen

Abb. 2

Konflikte sind zwar unvermeidlich, müssen aber nicht unbedingt nachteilig sein. Wenn sie allerdings unbearbeitet bleiben oder verdrängt werden, können sie zu Störungen in den privaten Beziehungen und Familien ebenso wie in Betrieben, Organisationen, Verwaltungen führen, bis hin zur Zerstörung von Staaten und zur Vernichtung menschlichen Lebens.

Der Konfliktkreislauf

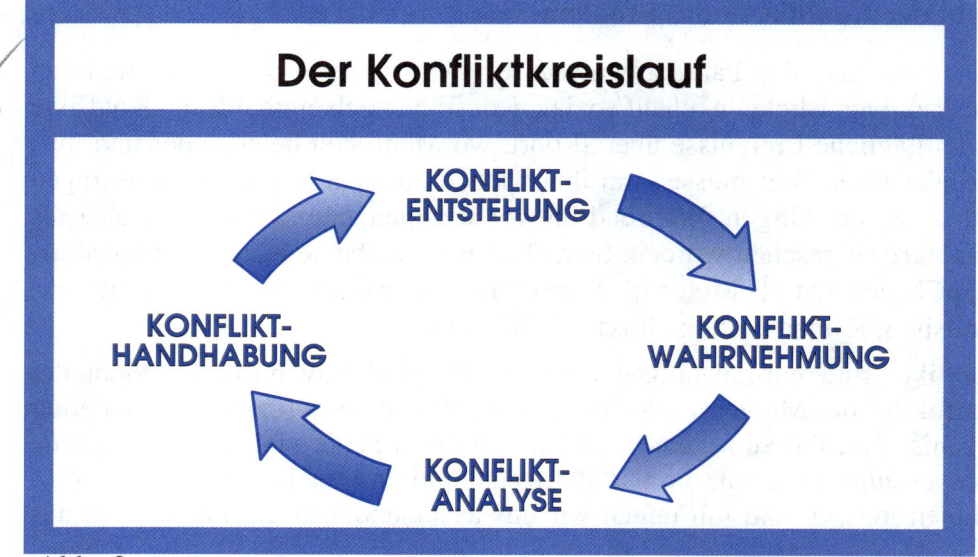

KONFLIKT-ENTSTEHUNG → KONFLIKT-WAHRNEHMUNG → KONFLIKT-ANALYSE → KONFLIKT-HANDHABUNG

Abb. 3

5 Konflikte - Arten - Varianten - Typen

Eine Schwierigkeit bei dem Versuch, Konfliktarten und -varianten zu unterscheiden und die in der Fachliteratur vorfindbaren Konflikttypologien zu vergleichen und systematisch zu ordnen, liegt (nach Glasl) darin, daß die Beiträge zu dieser Diskussion aus sehr unterschiedlichen Wissenschaftsdisziplinen stammen. VertreterInnen aus Ökonomie, Soziologie und Politikwissenschaft, aber auch PsychologInnen und PädagogInnen haben Analysen und Typologien vorgelegt, die allerdings kaum den engen Rahmen ihrer Fachdisziplin überschreiten. Es fehlt, - und das ist kein Einzelfall, - an einer übergreifenden, vernetzten Theoriebildung der sozialwissenschaftlichen Disziplinen untereinander zur Klärung und Bearbeitung komplexer sozialer Zusammenhänge und Querschnittsprobleme, wie es Konflikte sind. Es gibt diese umfassende Theorie bisher nicht, wird sie vermutlich auch nicht geben, weil es nach Auffassung einer wachsenden Zahl von WissenschaftlerInnen keine umfassende, allgemein verbindliche und allein gültige Theorie über den Menschen und seine Natur, seine sozialen Bedürfnisse und Beziehungen sowie über die gesellschaftlichen Dimensionen und Strukturen gibt. Was es gibt und was zur Klärung herangezogen werden kann, sind Theorieansätze, Definitionsversuche und -angebote, die sich teils wiederholen, überlappen, widersprechen, ergänzen und in der Summe ein pluralistisches Bild unterschiedlicher Sichtweisen auf und möglicher Bewertungen von Konflikten ergeben.

Der schon zitierte Wirtschaftswissenschaftler und freiberufliche Personalberater A. Ruschel z.B. schlägt folgende Unterscheidung der Konfliktarten vor:

Konflikttypologien

Keine umfassende Theorie

MANAGEMENT

Konflikte - Arten - Varianten - Typen

Konfliktarten

Intrapersonale (individuelle) | Interpersonale (soziale)

KONFLIKTFORMEN

- Motiv-/Zielkonflikt
- Entscheidungskonflikt
- Rollenkonflikt
- Beziehungskonflikt
- Beurteilungskonflikt
- Bewertungskonflikt
- Verteilungskonflikt

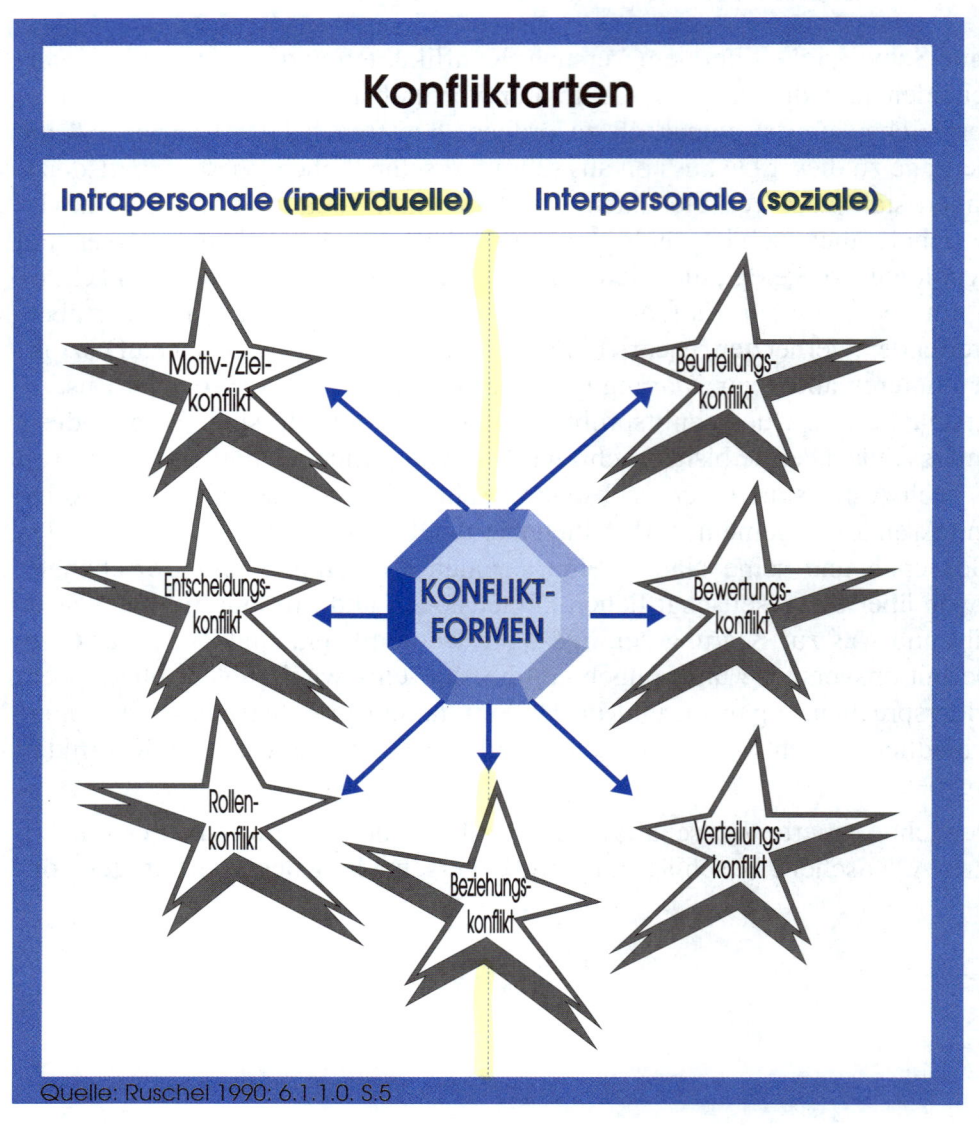

Quelle: Ruschel 1990: 6.1.1.0, S.5

Abb. 4

Ambivalente Gefühle, widersprüchliche Empfindungen

Die Zuordnung, die Ruschel vornimmt, ist allerdings diskussionsbedürftig und nicht ohne eine gewisse Willkür. Sind Motiv- und Zielkonflikte oder Entscheidungskonflikte nur Individualpersonen zurechenbar oder nicht auch zwischen mehreren Personen und Gruppen vorstellbar? Andererseits, können nicht auch ambivalente Gefühle, widersprüchliche Empfindungen zu Beurteilungs- und Bewertungskonflikten in einer Person führen. Wer kennt nicht dieses Hin- und Hergerissensein zwischen Zuneigung und Ablehnung, Liebe und Haß, Mitleid und Gleichgültigkeit, Pflichtbewußtsein und spontanem Lustgefühl etc. Die gepunktete Mittellinie deutet zwar an, daß die Übergänge durchlässig sind, suggeriert aber dennoch eine allzu schematische Trennung. Eigentlich müßten die meisten Konfliktarten in der vorliegenden Darstellung wie z.B. der Beziehungskonflikt auf der Mittellinie positioniert sein.

Häufig in der einschlägigen Literatur verwendet, aber die Bemühungen um Klärung und Systematisierung der verschiedenen Konfliktvarianten

Konflikte - Arten - Varianten - Typen

nicht sehr viel weiterführend, ist auch die Gegenüberstellung folgender Begriffspaare:

- *latente Konflikte*: verdeckte Konflikte, die zwar vorhanden sind, aber nicht offen ausgetragen werden und in der Schwebe bleiben;

Latent/manifest

- *manifeste Konflikte*: offenliegende Konflikte mit einem entsprechenden Konfliktverhalten der Beteiligten; entwickeln sich häufig aus latenten Konflikten oder brechen unvermutet auf;

- *echte Konflikte*: Konflikte mit einem realen Anlaß, Sachverhalt und Ernstcharakter;

Echt/unecht

- *unechte Konflikte*: als Konflikte wahrgenommene/bewertete Situationen, die keinen hinreichenden sachlichen Kern haben;

- *persönliche Konflikte*: im Fühlen, Denken oder Wollen von Personen begründete Auseinandersetzung mit anderen;

Persönlich/sachlich

- *sachliche Konflikte:* im Kern sachbezogene Auseinandersetzungen, die allerdings von persönlichen Gefühlen begleitet sein können.

Ebenfalls nicht unumstritten, in der Literatur aber häufig anzutreffen, ist die Kategorisierung/Systematisierung der vielfältigen Konfliktarten in einem Drei-Typen-Modell, wie es Glasl vorschlägt (1990:48):

- Konflikte nach unterschiedlichen Streitgegenständen,
- unterschiedliche Erscheinungsformen der Auseinandersetzung,
- Konflikte nach Merkmalen der Konfliktparteien.

Unterscheidung nach Streitgegenständen

Die Streitgegenstände können sowohl Ursache und Auslöser des Konflikts sein oder Ziel und Preis der Auseinandersetzung. In der Literatur werden sie wie folgt klassifiziert:

a) *materielle, substantielle sog. "Issue"- Konflikte um begrenzte Mittel/ knappe Güter*:

"Issue"- Konflikt

- Geld
- Werkzeuge, Ausrüstung, Ausstattung
- Qualitative Arbeitsbedingungen
- Zahl der MitarbeiterInnen
- Zugang zu den Vorgesetzten
- größere Verantwortung

MANAGEMENT

Konflikte - Arten - Varianten - Typen

Affektive Konflikte

b) immaterielle, affektive Konflikte, bei denen Eigenschaften, Verhaltensweisen etc. der Konfliktparteien im Mittelpunkt stehen:

- ❏ Eigenschaften wie ehrgeizig, mißtrauisch, ängstlich, herrschsüchtig
- ❏ Verhaltensweisen wie Unpünktlichkeit, Unordnung, Unzuverlässigkeit
- ❏ unkollegialer Arbeits-, Informations- und Kommunikationsstil
- ❏ aufdringliche, schädigende Umgangsformen, Belästigungen, Mobbing
- ❏ phantasierte Einbildungen und Ängste, Interaktionsstörungen

Interessen- und Wertkonflikte

c) nach Sachgebieten geordnete Interessen- und Wertkonflikte um:

- ❏ finanzielle Mittel, ökonomische Ressourcen
- ❏ juristische Sachverhalte, rechtliche Interpretationen
- ❏ Perspektiven der Personalwirtschaft und Personalentwicklung
- ❏ Produktionsprobleme, Leistungssteigerung, Qualitätssicherung
- ❏ Firmenphilosophie, Corporate Identity, Öffentlichkeitsarbeit

Ziel- und Mittelkonflikte

d) nach Sachzusammenhängen geordnete Ziel- und Mittelkonflikte um:

- ❏ ideologische Ziele, Richtlinien, Leitsätze, Führungskonzepte
- ❏ organisatorisch-administrative Kompetenz und Zuständigkeit
- ❏ operative und strategische Fragen der Unternehmensführung
- ❏ Marketing, Verkauf, Absatz
- ❏

Strategisch-prinzipielle Konflikte

e) struktur-orientierte, strategisch-prinzipielle Konflikte um:

- ❏ Organisationsstruktur, Hierarchiebildung, dezentrale Ressourcenverantwortung,
- ❏ systemische Vernetzung intern und extern, globales Verantwortungsbewußtsein
- ❏ prozeßorientierte Kommunikationsstruktur und Interaktion, lean management

Kategorisierung nach den Erscheinungsformen

Rituale, Dramaturgie, Inszenierung

Konflikte lassen sich nicht nur hinsichtlich ihrer Streitgegenstände, Ursachen oder Ziele vergleichen, sondern auch mit Blick auf ihren Verlauf und die spezifischen Eigenschaftsmerkmale. Offensichtlich können Konflikte trotz gleicher oder vergleichbarer Ursachen, Anlässe und Zielsetzungen einen sehr unterschiedlichen Verlauf nehmen.

Konflikte - Arten - Varianten - Typen

MANAGEMENT

Auch gibt es Konflikt*rituale*, eine Konflikt*dramaturgie*/Konflikt*inszenierung*, es ist die Rede vom Konflikt*theater* und Konflikt*spektakel* etc. - alles Redewendungen, die verdeutlichen, daß Konflikte auch etwas mit der Form zu tun haben, in der sie sich darstellen, durchgeführt und wahrgenommen werden (sollen). Konflikte sind also immer auch im Kontext ihrer strategischen Absicht und gewählten Darstellungsform zu sehen, als Ausdruck einer Ziel-Mittel-Relation. Welche Konfliktform oder -stufe muß ich wählen, um die angestrebten Ziele zu erreichen? Wie moderat, intensiv, druckvoll oder nachgiebig, gewaltsam oder kompromißbereit, offen oder verdeckt muß mein Vorgehen sein, wenn ich die "Trümpfe in der Hand" behalten und den Erfolg einstreichen will?

Folgende Unterscheidungen haben im Alltag wie in der Literatur gängige Verbreitung gefunden:

❑ *latente/manifeste Konflikte*:

Die vor allem von Dahrendorf (1961) verwendete Unterscheidung stellt auf den Gegensatz von verborgenen und offenen Konflikten ab. Sie ist dennoch nicht immer ein präzises Trennungsmerkmal, weil sie in den Übergängen fließend bleibt. Verborgene und offene Konflikte können von den beteiligten Parteien und außenstehenden BetrachterInnen zudem unterschiedlich wahrgenommen werden. Was für die eine Sichtweise noch ein glimmendes Streichholz ist, wird aus anderem Blickwinkel als lodernde Flamme gesehen.

Verborgene/offene Konflikte

❑ *schwache/extreme Konflikte*:

Gefühle, Ängste, Leidenschaften sind neben den Interessen und Zielen bei Konflikten immer mit im Spiel. Sie bilden gewissermaßen den Rohstoff für die Inszenierung, Dramaturgie und Eskalationsdynamik im Konfliktverlauf. Was der Konflikt sein oder werden soll, welchen Verlauf er nehmen und welches Ende er finden soll, bestimmen zu großen Teilen, wenn auch nicht durchgängig und in allen Phasen gleich stark, die am Konflikt beteiligten Personen und Parteien. In ihrer Sprache und Wortwahl, Tonfall und Lautstärke, Mimik und Gestik findet dieser Sachverhalt seinen sichtbaren und hörbaren Ausdruck. Meinungsunterschiede, persönliche oder sachliche Differenzen können zu Spannungen führen, die anfänglich noch kaum erkennbar sind. Durch rechtzeitige Wahrnehmung können sie sachlich geklärt und aufgelöst, durch Vorurteile, Haßgefühle und andere Affekte irrational aufgeladen werden und außer Kontrolle geraten. In der nächsten Stufe werden aus Differenzen, Mißverständnissen und Spannungen persönliche oder kollektive Gegensätze, in denen es um Macht, Interessen, Durchsetzung, Selbstbehauptung, Vernichtung etc. geht. Der Spannungsbogen möglicher Konfrontation kann sich auf einem Kontinuum von friedlichen Diskussionen und Verhandlungen über gewaltlose Aktionen, Demonstrationen, Streiks bis zu Revolutionen, Bürgerkrieg und massiven militärischen Vernichtungsaktionen erstrecken.

Sprache und Wortwahl, Tonfall und Lautstärke, Mimik und Gestik

31

MANAGEMENT

Konflikte - Arten - Varianten - Typen

Störungen und Dysfunktionalitäten

Nicht der Konflikt ist das Problem

❏ *institutionalisierte/formgebundene Konflikte*:

Häufig sich wiederholende oder regelmäßig wiederkehrende Konflikte treten vor allem in Institutionen und Organisationen auf. Nach Meinung einiger AutorInnen sind sie strukturbedingt, d.h. letztlich in diesen Einrichtungen unvermeidlich. Jede Struktur schafft Rahmenbedingungen, Zuständigkeiten, Sachzwänge, Abhängigkeiten und dergl., so daß es zu Reibungen, Friktionen, Störungen und Dysfunktionalitäten kommt. Es gibt nicht *die* konfliktfreie Organisation oder Institution, weil Arbeit organisieren, Tätigkeiten koordinieren, Kommunikation und Kooperation immer mit potentiellen Konflikten zwischen den beteiligten Menschen, Gruppen, Abteilungen etc. verbunden ist. Jede Organisation hat struktur-, prozeß- oder personalbedingte Schwachstellen und Defizite, die zu Dysfunktionalitäten und konflikthaften Entwicklungen führen können, wenn sie nicht aufgedeckt und bearbeitet werden. Nicht der Konflikt ist (in der Regel) das Problem, sondern die verbreitete Unfähigkeit der Konfliktbeteiligten, sach-und problemangemessen damit umzugehen.

Weil Konflikte nicht a priori vermieden werden können und nicht verdrängt, unterdrückt oder gewaltsam gelöst werden sollen, gibt es in (fast) allen Organisationen spezielle Verfahren und Mechanismen zur Konfliktaustragung und -regelung:

Verfahren/Mechanismen zur Konfliktregelung

- ❏ SchiedsrichterInnen bei Wettkämpfen
- ❏ SchiedsrichterInnen bei Tarifkonflikten
- ❏ Schiedsgerichte in Parteien
- ❏ Vermittlungsausschüsse in Bundestag und Länderparlamenten
- ❏ Selbstverwaltungsgremien in Institutionen/ Behörden
- ❏ Zivil- und Arbeitsgerichte
- ❏ Ombudsmänner / -frauen
- ❏ UNO-Sicherheitsrat
- ❏ Krisenstäbe / KrisenmanagerInnen

Abb. 5

Konflikte - Arten - Varianten - Typen

MANAGEMENT

Alle diese Personen, Einrichtungen und Verfahren dienen dem Zweck, die regelmäßig oder wiederholt auftretenden Konflikte zu "deeskalieren" und einer Lösung zuzuführen, wenn die beteiligten KonfliktgegnerInnen dazu nicht in der Lage sind. Mit anderen Worten: für derartige Situationen wird von der Institution/Organisation ein Verfahren vorgesehen und angeboten, daß die Austragung notwendiger oder unvermeidlicher Konflikte in geregelten Bahnen und erträglichen Formen garantiert.

Konflikte "deeskalieren"

❏ *symbolische/ritualisierte/reglementierte Konflikte*:

Der amerikanische Soziologe A. Rapoport hat die Unterscheidung zwischen *Kampf*, *Spiel* und *Debatte* in die Diskussion eingeführt und anhand dieser Typologisierung den zivilisatorischen Fortschritt erläutert, der mit der symbolischen Konfliktaustragung, der Deeskalierung, Domestizierung und Ritualisierung von Gewalt in modernen Gesellschaften verbunden ist.

Kampf, Spiel und Debatte

Debatte: sie ist (oder sollte sein) eine geistige, mit Argumenten geführte Auseinandersetzung, die die KontrahentIn nicht vernichten, sondern überzeugen will.

Mit Argumenten überzeugen

Spiel: auch viele Spiele sind Kampf mit körperlichem Einsatz, Kraft, Schnelligkeit, Stärke, Geschicklichkeit, Ausdauer etc., - also auch mit Sieg und Niederlage, Geld, Ruhm und Ansehen nicht zu vergessen. Die GegnerIn soll besiegt, aber nicht vernichtet werden, Regeln und Formen des Kampfes müssen akzeptiert werden. Der Zweck des Spiels kann nur gemeinsam erreicht werden; Spannung kann nur aufkommen, wenn beide Seiten in etwa gleich stark sind, also eine symmetrische Spiel-/ Kampfsituation gegeben ist.

Besiegt, aber nicht vernichtet

Kampf: im Kampf wird der Gegner zum Feind, der geschädigt, aus dem Felde geschlagen, wettbewerbs-, und konkurrenzunfähig gemacht, getötet und auf Dauer ausgeschaltet werden soll. Es geht um Sieg oder Niederlage. Die Kampfmaßnahmen gelten nicht nur den kämpfenden Truppen, sondern auch den nicht unmittelbar beteiligten Zivilpersonen, deren Lebensgrundlagen, Ressourcen, Widerstandskraft und Überlebenswille zerstört werden.

Sieg oder Niederlage

❏ *nicht-institutionalisierte/formungebundene Konflikte*:

Sie sind hinsichtlich ihres Verlaufs, ihrer Ausbreitung, den Auswirkungen etc. unberechenbar und schwierig zu handhaben. Demonstrationen, Krawalle auf der Straße und in Fußballstadien, Kriegs- und Bürgerkriegshandlungen liefern hierfür zahlreiche Belege.

Heiße Konflikte auf allen Ebenen, vom LehrerInnenkollegium bis zu UNO-Einsätzen sind (nach Glasl) von der Interaktionsform der beteiligten Konfliktparteien und dem Klima der Beziehungen zwischen ihnen bestimmt. Es herrscht eine "Atmosphäre der Überaktivität und Überempfindlichkeit" (Glasl); jede Seite ist von der Richtigkeit ihrer Sache überzeugt, zeigt ein demonstrativ positives Selbstbild und will die Gegen-

Heiße Konflikte

seite zur Anerkennung der eigenen Position, Forderungen und Interessen bringen. Die Grundeinstellung ist expansiv, Gebiets-, Einfluß- und Machtvergrößerung werden angestrebt. Projektion, Stilisierung und Idealisierung der eigenen Ziele breiten sich aus und erschweren rationales Denken und Handeln (Glasl 1990:69-72).

Kalte Konflikte

Kalte Konflikte können ebenso im familiären Rahmen wie auf internationaler Ebene auftreten. Sie entwickeln u.U. eine Destruktivität, die noch einschneidender und gravierender ist, als bei einem heißen Konflikt. Nicht Begeisterung, Aktivität und Überzeugungsdrang bestimmen das Klima der Konfliktparteien, sondern Enttäuschungen, Desillusionierung und Frustration. Die Kommunikation wird stokkend, zynisch und sarkastisch, ehe sie gänzlich erlahmt. Erwartungen an die Gegenseite, aber auch an sich selbst, werden nicht mehr artikuliert. Selbstwertgefühl und positives Selbstbild schwinden, Erstarrung und Isolierung greifen Platz. Niemand erwartet von sich oder anderen noch etwas. Glasl nennt dies den Prozeß der "sozialen Erosion", der zur Bildung vieler kleiner, autistischer Einheiten führt. Intrigen treten an die Stelle der "face-to-face-Kommunikation", Vermeidungsstrategien werden entwickelt "jeder flieht jeden und geht dem eventuellen Zwang zum Kommunizieren aus dem Weg" (Glasl 1990:76).

Annäherungskonflikt

Vermeidungskonflikt

Heiße Konflikte treiben die Konfliktparteien immer wieder zur Konfrontation, sind also "*Annäherungskonflikte*" mit dem Versuch, dem anderen seine Überzeugung, Werte und Ideale aufzuzwingen. Kalte Konflikte lassen sich als "*Vermeidungskonflikte*" mit stark zentrifugalen Tendenzen definieren. Es fehlen die gemeinsamen Werte und Überzeugungen, Ziele und Interessen. Man/frau will vor allem eines: in Ruhe gelassen werden.

Ordnung der Konflikte nach Merkmalen der Konfliktparteien

Die schematische Systematisierung nach äußeren Merkmalen der Konfliktparteien bleibt relativ unergiebig, ihre Zuordnung zu besonderen Wissenschaftsdisziplinen ist problematisch.

❏ *intra-personeller Konflikt*:

Konflikt in der Person

Konflikt, der sich in einer Einzelperson abspielen und zu ambivalenten Gefühlen, widersprüchlichen Entscheidungen, unlogischem Vorgehen, inkonsequentem Verhalten oder zur Flucht aus der Situation führen kann. Die in der Person sich abspielenden Prozesse werden vorwiegend als individual-psychologische Phänomene interpretiert und behandelt.

❏ *inter-personeller Konflikt*:

Konflikt zwischen Einzelpersonen

bezeichnet einen Konflikt zwischen Einzelpersonen in einer Zweier-Beziehung (Ehe, Vorgesetzter-Untergebene, LehrerIn-SchülerIn) oder in einer (Klein)gruppe (Familie, Klasse, Verein, Team). Mit Konflikten zwischen Personen in Gruppen unterschiedlicher Größe befaßt sich vor allem die Sozialpsychologie.

Konflikte - Arten - Varianten - Typen

❑ *intra-Gruppenkonflikt*:

ein gruppeninterner Konflikt, der zu Auseinandersetzungen, zur Bildung von Untergruppen, Fraktionen, Flügeln, zu Ausgrenzungen, Spaltungen, Sezession und Neugründung, aber auch zur Lähmung, Handlungsunfähigkeit, Pattsituation, zur Inaktivierung und Auflösung führen kann.

Spaltungen, Sezession, Auflösung

❑ *inter-Gruppenkonflikt*:
Konflikt zwischen Gruppen, Organisationen, Institutionen aller Art und Größe in symmetrischen und asymmetrischen Konfliktbeziehungen. Es handelt sich in der Regel um sehr komplexe Konfliktlagen, die sich aus einer Fülle von Anlässen auf allen Ebenen von der individuellen Mikroebene über die lokale/regionale Mesoebene bis zur nationalen/internationalen/globalen Makroebene ergeben können. Derartige Konflikte sind, - wenn überhaupt -, dann nur in interdisziplinärer Zusammenarbeit zwischen mehreren Wissenschaftsdisziplinen wie Soziologie, Politikwissenschaft, Rechts- und Verwaltungswissenschaft, Wirtschaftswissenschaft, Organisations- und Systemtheorie zu erforschen.

Komplexe Konfliktlagen auf der Mikro-, Meso- und Makroebene

MANAGEMENT | Konflikte - Konfliktdynamik - Konfliktlösung in systemisch-konstruktivistischer Sichtweise

Ein Arbeitsmodell zur Untersuchung und Optimierung von Konfliktlösungen

6 Konflikte - Konfliktdynamik - Konfliktlösungen in systemisch-konstruktivistischer Sichtweise

Keine umfassende Konflikt-Theorie

Das Phänomen "Konflikt" hat viele Facetten. Wir wissen nun, daß eine Untersuchung und Beschreibung von Konflikten aus einer einzigen Perspektive willkürlich, oft unangemessen und mit Blick auf eine konstruktive, zieldienliche Konfliktlösung wenig hilfreich ist. Eine übergreifende Theorie, die alle Facetten von Konflikten erfassen würde, bzw. einen solchen Anspruch erhebt, gibt es zum gegenwärtigen Zeitpunkt nicht und wird es nach unserer Einschätzung auch zukünftig nicht geben. Was aber dann? Wie sollen wir mit Konflikten umgehen? Wie sie vermeiden oder lösen?

Einige anregende, nützliche Sichtweisen zur Untersuchung, Klärung und Bearbeitung von Konflikten, vor allem auch mit Blick auf das Wechselspiel von Individuen, Organisationsstrukturen und -dynamiken, bieten aus unserer Sicht systemtheoretisch-konstruktivistische Ansätze. Was verstehen wir darunter?

Systemisch-konstruktivistische Ansätze bündeln eine Reihe unterschiedlicher neuerer und wieder entdeckter Betrachtungsweisen. Sie können auf Individuen wie auch auf Organisationen angewendet werden. Zu unterscheiden sind zwei zentrale, voneinander unabhängige Perspektiven (vgl. Schmid 1993: 21), nämlich die:

❑ systemische Perspektive

❑ wirklichkeitskonstruktive Perspektive

Die systemische Perspektive

Organisation als soziales System

Üblicherweise wird ein System als eine Anzahl von Elementen beschrieben, die miteinander in Beziehung stehen. Von "*sozialen Systemen*" spricht man, sofern diese Elemente Menschen sind. So lassen sich Organisationen (Familien, Behörden, Parteien, Unternehmen) beispielsweise als "*soziale Systeme*" begreifen (Miller 1978). Dem systemischen Ansatz liegt die Annahme zugrunde, daß die Elemente eines Systems miteinander vernetzt sind und sich wechselseitig beeinflussen. Man spricht in diesem Zusammenhang auch von einem *Prinzip kausaler Zirkularität*. Darunter versteht frau die wechselseitige Beeinflussung von Systemelementen. Allgemein-abstrakt gesprochen, bedeutet dies: Systemelement A beeinflußt Systemelement B und Systemelement B beeinflußt wiederum Systemelement A. Das Prinzip kausaler Zirkularität bezieht sich somit auf Wirkungszusammenhänge.

Prinzip kausaler Zirkularität

Organisation in systemischer Sicht

Von zentraler Bedeutung sind aus dieser Sicht vor allem die Beziehungen zwischen den Systemelementen. Möchten wir z. B. eine Organisation, aus systemischer Sicht untersuchen, so genügt es nicht, diese Organisation in ihre jeweiligen Elemente zu zerlegen und diese einzeln zu studieren. Wir müssen uns insbesondere auf die Beziehung zwischen den Elementen kon-

Konflikte - Konfliktdynamik - Konfliktlösung in systemisch-konstruktivistischer Sichtweise

zentrieren. "Definiert man beispielsweise die Organisationsmitglieder als Elemente einer Organisation, so kommt es für das Verständnis vor allem darauf an, in welchen Beziehungen sie zueinander stehen. Von Interesse sind hier also Beziehungsstruktur und Beziehungsdynamik" (Brunner 1993:20).

Abb. 6

Unter *Beziehungsstruktur* versteht man/frau bestimmte Muster, die sich im Verlaufe der Zeit zwischen den Mitgliedern eines Systems eingespielt haben bzw. auch durch institutionalisierte Regelungen und Normen eines Systems vorgegeben sind. Mit Blick auf eine Organisation können das z. B. die von formellen und informellen Positionen einer Organisation abhängigen Beziehungs- und Kommunikationsmuster zwischen Vorgesetzten und MitarbeiterInnen sein. Zu solchen Kommunikationsmustern können auch die eingeschliffenen Muster der Konfliktbewältigung gehören (vgl. unten S. 55 ff.).

Beziehungsstruktur

Der Begriff *Beziehungsdynamik* bezieht sich auf die Prozesse wechselseitiger Beeinflussung wie sie z.B. zwischen den Mitgliedern eines sozialen Systems vorkommen. Diese Prozesse führen zur Etablierung von Beziehungsstrukturen, die ihrerseits wiederum die beziehungsdynamischen Abläufe steuern.

Beziehungsdynamik

MANAGEMENT

Konflikte - Konfliktdynamik - Konfliktlösung in systemisch-konstruktivistischer Sichtweise

Die linear-kausale Sichtweise

Lineare Sicht = Vereinfachung

Das systemische Verständnis hebt sich von der in vielen Organisationen noch weit verbreiteten linearen Sicht- und Interpretationsweise ab. Aufgrund unserer tief in Traditionen verwurzelten Gewohnheit neigen wir dazu, auch Konfliktereignisse linear - additiv, auf bestimmte mehr oder weniger abgrenzbare, zusammenwirkende Ursachen zurückzuführen. Insbesondere neigen wir dazu, bestimmten Personen die "Schuld" an zwischenmenschlichen Problemen "in die Schuhe zu schieben". Hinzu gesellt sich das verständliche menschliche Bedürfnis, verwickelte Situationen durch einfache, scheinbar plausible Erklärungen wieder "in den Griff" zu kriegen.

Dafür ein Beispiel: in der Abteilung Pflegekinderwesen des Jugendamts einer Großstadt kommt es öfter zu Auseinandersetzungen zwischen der Referatsleiterin Frau Huber und einem ihrer Mitarbeiter, Herrn Obermayer. Herr Obermayer hat dafür folgende Erklärung: seine Vorgesetzte, Frau Huber, ist in seinen Augen "hochneurotisch" (Ursache 1) und daher "kommunikationsunfähig" (Wirkung 1). Weil sie jedoch kommunikationsunfähig ist, kann sie mit ihm nicht zusammenarbeiten (Wirkung 1 wird nun zur Ursache 2).

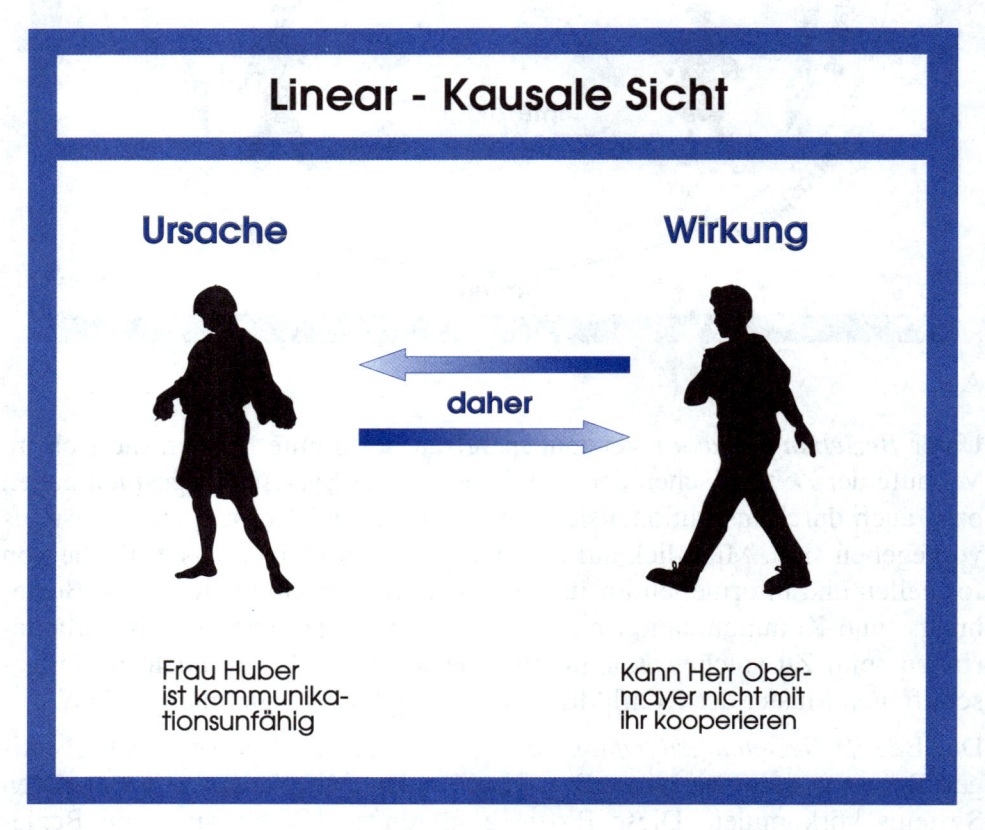

Abb. 7

Individualisierung

Personalisierung von Konfliktursachen

Die lineare Sicht ist in unserem Denken und Empfinden eng verbunden mit einer Individualisierung und Personalisierung von Konfliktursachen. Dies zeigt auch das Beispiel. "Das Entstehen und die prägende Dynamik von Konflikten wird in einem hohen Maße an Personen und 'persönlichen' Merk-

Konflikte - Konfliktdynamik - Konfliktlösung in systemisch-konstruktivistischer Sichtweise

malen wie Einstellungen, Gefühlen, Werten charakterlicher Disposition etc, festgemacht" (Schmitz/Weyrer 1995:123). Dies ist besonders dann der Fall, wenn der Konflikt eskaliert und die Konfliktdynamik dichter wird. Andererseits ist zu bedenken, daß Konflikte oft erst dann erkannt bzw. sichtbar werden, wenn es zu einer Auseinandersetzung, zu einem Streit mit einer anderen Person kommt und die Emotionen kräftig aufgeputscht werden: "Wenn Frau X nur die Augenbrauen hochzieht, da fange ich schon an zu kochen".

Konfliktmanagement aus linearer, personalisierter Sicht konzentriert sich folgerichtig zunächst auf eine Deeskalation des Konfliktverlaufes ("sich erst mal beruhigen"), um dann auf die Suche nach und die Aufarbeitung von personenbezogenen Konfliktursachen zu gehen (zurückliegende Kränkungen, Verletzungen, charakterliche Eigenschaften, Einstellungen, Werte usw.) (vgl. ebd.). Erfahrungsgemäß ist eine solche eingeengte, reduzierte Sichtweise und ein entsprechender Umgang mit Konflikten oft nicht lösungsdienlich.

Deeskalation des Konfliktverlaufes

Im Unterschied zur linear-kausalen Sicht des Herrn Obermayer im obigen Beispiel basiert das systemische Erklärungsmodell auf der Hypothese: "Jedes Phänomen gewinnt seine Bedeutung im Kontext". So werden sog. "Problempersonen" als Mitglieder eines Systems und damit als "Symptomträger" eines System-Problems gesehen. Das heißt, sie sind AkteurInnen, deren Verhalten nicht ausschließlich von ihren individuellen Persönlichkeitsstrukturen - ihren Werten, Interessen, Gefühlen, ihren "Charaktereigenschaften" usw. - her determiniert ist, sondern auch vom äußeren Kontext gesteuert wird, - von den Merkmalen des Systems, z. B. der Kultur, den Normen und Regeln einer Organisation, den hierarchischen Positionen und den damit verbundenen Erwartungen. Das Verhalten der Vorgesetzten Frau Huber, im o. g. Beispiel, kann durchaus auch eine angemessene Reaktion auf die in der Organisation geltenden, von ihr wahrgenommenen und interpretierten Normen und Erwartungen sein (z.B. daß Vorgesetzte ihre MitarbeiterInnen effektiv kontrollieren, nicht mit ihnen zeitaufwendig kommunizieren). Das ihr zugeschriebene Problem der "Kommunikationsunfähigkeit" ist demnach auch von ihren Beziehungen im für sie relevanten System (Abteilung/Organisation) her zu erfassen.

"Problempersonen" als "Symptomträger"

Im Mittelpunkt der systemischen Betrachtung stehen demnach die Interaktionen, die Verbindungen, Vernetzungen, Relationen zwischen Systemelementen. "Es gibt keineswegs mehr *eine* Ursache für ein Ereignis, sondern die Verflechtung unterschiedlicher Einflüsse machen den Anlaß aus und sind auch gleichzeitig wiederum Anlaß für irgendetwas" (Kommescher/Witschi 1992:24). Das Erleben, Denken und Handeln von Organisationsmitgliedern ist aus dieser Sicht kein primär "individuelles" Produkt. Innerpsychische Prozesse und individuelles Verhalten sind eingelassen und durchdrungen von organisationsstrukturellen und organisationskulturellen Gegebenheiten.

Vernetzungen zwischen Systemelementen

Innerpsychische Prozesse und organisationskulturelle Gegebenheiten

Betrachtet man sie als soziale Systeme, haben Organisationen, Unternehmen und Einrichtungen eine Tradition (manchmal auch Traditionen) und als solche ein Eigenleben. Deutlich wird dies darin, daß Menschen in Unternehmen/Einrichtungen mitunter in hohem Maße austauschbar sind, ohne daß sich das System verändert. Hier wirken die Erwartungen, die Regeln, die

MANAGEMENT

Konflikte - Konfliktdynamik - Konfliktlösung in systemisch-konstruktivistischer Sichtweise

Unternehmenskultur bzw. Organisationskultur

Normen, die Hierarchie, das Machtgefüge, welche formell festgelegt sind und/oder sich auch informell eingespielt haben. Sie formen die Handlungszusammenhänge. Diese Beobachtungen führten dazu, daß in den letzten Jahren die klassische betriebswirtschaftliche Sicht von Unternehmen durch Konzepte der Unternehmenskultur bzw. allgemeiner, der *Organisationskultur*, ergänzt wurden (vgl. Ulrich 1984/1987, Schuh 1989, Ulrich/Probst 1991, Ullrich o.J.).

Es geht hier gewissermaßen um den "Geist des Hauses", der in spürbarer Weise die Kommunikation unter den Mitgliedern einer Organisation (zwischen MitarbeiterInnen, Vorgesetzten, Top-Management) steuert. Steuern meint jedoch nicht determinieren. Welche konkreten Einflüsse externe Steuergrößen haben, hängt wiederum von der Wahrnehmung und der Auslegung durch die Organisationsmitglieder ab.

Damit sind wir bei jener zweiten Perspektive angelangt, die für unser Verständnis von Konflikt von ebenso zentraler Bedeutung ist wie die systemische.

Die wirklichkeitskonstruktive Perspektive

"Vincent lief es kalt über den Rücken. Als die beiden Männer eintraten, saß Christine im Korbstuhl und nährte das Kind. Hermann spielte am Ofen. Tersteeg sah sie lange fassungslos an. Schließlich sagte er auf englisch: 'Was haben die Frau und das Kind hier zu tun?' 'Es ist Christine, meine Frau. Das Kind ist unser Kind.' 'So hast du sie also tatsächlich geheiratet!' 'Soweit Sie an Formalitäten denken, nein.' 'Wie kannst du dir eine Frau nehmen... und noch dazu mit Kindern, die...' 'Es ist nichts Ungewöhnliches, daß Männer heiraten, nicht wahr?' 'Aber du hast kein Geld. Du wirst von deinem Bruder erhalten.' 'Keineswegs! Theo zahlt mir ein Gehalt als Vorschuß. Alles, was ich schaffe, gehört ihm. Er wird sein Geld eines Tages zurückerhalten.' 'Bist du wahnsinnig geworden, Vincent? Das sind Ausgeburten einer kranken Phantasie.' 'Menschliches Verhalten, Mijnheer, ist dem Zeichnen zu vergleichen. Die Perspektive ändert sich nach dem Standpunkt, den man wählt; sie hängt nicht vom Objekt ab, sondern vom Standort des Beschauers'" (Stone 1976:213).

Sich marktschreierisch im Gewande des "*radikalen Konstruktivismus*" präsentierend (vgl. Schmidt 1987), ist die konstruktivistische Sicht, wie auch das Zitat nahelegt, nun wirklich alles andere als "neu".

"Wirklichkeitsvorstellungen"

"Erfahrungswirklichkeit"

Dieser Perspektive liegt die Annahme zugrunde, daß "Wirklichkeiten" durch die "Wirklichkeitsvorstellungen" von Menschen konstruiert, geschaffen werden. Die konstruktivistische Erkenntnistheorie geht von der Prämisse aus, "daß wir nie mit der Wirklichkeit an sich umgehen, sondern stets mit unserer eigenen 'Erfahrungswirklichkeit'" (Bardmann/Kersting/Vogel 1992:11). Das heißt aber mit den Bildern und Konstruktionen von Wirklichkeit in unseren Köpfen. Die Art und Weise, wie jemand denkt, fühlt handelt im Hinblick auf bestimmte Ereignisse, Anforderungen, Vorkommnisse in seinem Umfeld, hängt nicht nur von äußeren Kontextgegebenheiten (Vorschriften, Dienstplä-

Konflikte - Konfliktdynamik - Konfliktlösung in systemisch-konstruktivistischer Sichtweise

nen) ab, sondern auch von seinem aktiv-passiv gebildeten *persönlichen Bezugsrahmen* (frame of references). Gemeint ist damit die Summe aller von einem Menschen im Verlaufe seines Lebens entwickelten Denk-, Gefühls-, Einstellungs-, Willens-, Handlungs- und Reaktionsmuster. Sie bilden die biographisch erworbenen Filter, auf deren Hintergrund "äußere Realität" wahrgenommen, bewertet und verarbeitet wird. Wir sprechen in diesem Zusammenhang von internalen "Prozessen", die - selbstreferenziell - auf die eigenen Denk-, Erfahrungs-, Interpretations- und Bewertungsmuster hin ausgerichtet werden.

Persönlicher Bezugsrahmen

Die "äußere" Wirklichkeit wird demnach nicht schlicht abgebildet, sondern entsteht im Auge der BetrachterIn. Sie wird intern rekonstruiert bzw. auch mitunter sehr eigenwillig aufgebaut, "konstruiert". Dementsprechend sagt Watzlawick (1977: 96): "Wir haben es nie mit der Wirklichkeit schlechthin zu tun, sondern immer nur mit Bildern der Wirklichkeit, also mit Deutungen. Die Zahl der jeweils möglichen Deutungen ist groß, subjektiv aber durch das Weltbild der Betreffenden meist auf eine einzige scheinbar mögliche, vernünftige und erlaubte begrenzt. Aufgrund dieser einen Deutung gibt es meist auch nur eine scheinbar mögliche, vernünftige und erlaubte Lösung...".

Das Auge der BetrachterIn

Im konstruktivistischen Verständnis ist Wahrnehmung ein wirklichkeitserzeugender Vorgang. Diese Wirklichkeitskonstruktion beruht darauf, daß wir im Prozeß des Wahrnehmens unsere persönlichen Bezugsrahmen, die uns zur Verfügung stehenden Sichtweisen anwenden und dadurch erst Ereignisse identifizieren und bewerten. Durch eine positive oder negative Bestätigung der aktivierten persönlichen Bezugsrahmen wird der nächste Zyklus eingeleitet und durchlaufen. "Eine 'geschlossene' Wahrnehmung wird die Möglichkeit einer vielfältigen Zuschreibung negieren und im Zyklus der sich selbst bestätigenden, aber immer gleichbleibenden Zuschreibung bleiben - mit all den daraus resultierenden Einschränkungen für ein flexibles, variantenreiches Handeln" (Schmitz/Weyrer 1995:126).

Wahrnehmung ein wirklichkeitserzeugender Vorgang

Im Unterschied zum "radikalen Konstruktivismus" (z.B. v. Foerster 1987; Schmidt 1987), halten die gemäßigt konstruktivistischen Ansätze durchaus noch an dem o.g. Ausgangpunkt der systemischen Perspektive fest: die einzelne Person wird als Mitglied eines System gesehen und "ihre" Probleme, ihr Verhalten werden von den Systembeziehungen her ausgelegt. Allerdings richtet sich nun die Aufmerksamkeit auf die Person. Die zentrale Frage lautet: Wie ist das Wirklichkeitsverständnis der Person bzw. auch der anderen Beteiligten? Infolgedessen geht es darum, die Wirklichkeitsvorstellungen der Menschen mit Blick auf ihr Umfeld, ihre Beziehungssysteme, ihre Organisation zu explorieren bzw. zu rekonstruieren (Schmid 1993:21). Die Aufmerksamkeit verschiebt sich also von den Inter-Aktionen, den Relationen, zurück auf die Aktionen, die aus dem Wirklichkeitsverständnis, den Wirklichkeitskonstruktionen eines Systemmitglieds hervorgehen. Dies führt bildlich gesprochen zu einer Großeinstellung des Fokus auf den Einzelnen im System. Sein persönlicher Bezugsrahmen (frame of reference) konstruiert die Wirklichkeitsvorstellung z.B. seines Teams, wird zur Lupe, mit der er seine KollegInnen wahrnimmt und einschätzt.

Radikaler vs. gemäßigten Konstruktivismus

MANAGEMENT

Konflikte - Konfliktdynamik - Konfliktlösung in systemisch-konstruktivistischer Sichtweise

Die wirklichkeitskonstruktive Sicht

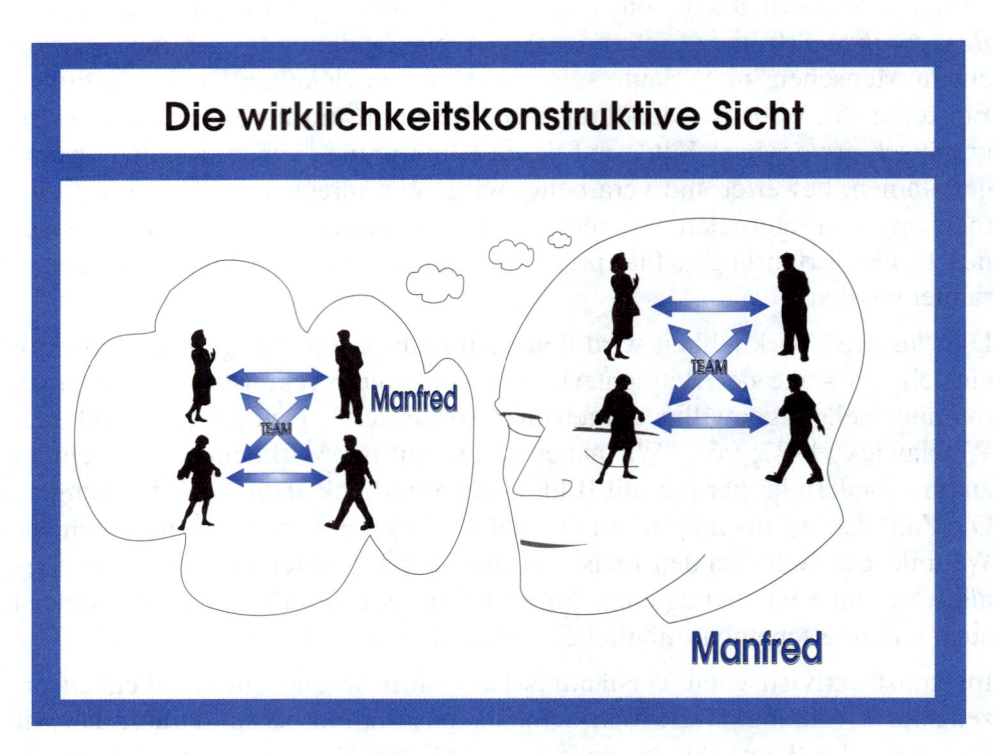

Abb. 8

Welche Konsequenzen systemische und wirklichkeitskonstruktive Sicht für das Verständnis von Konflikt, Konfliktdynamik und Konfliktlösungen haben, werden wir im nächsten Kapitel darlegen.

Konflikte in Organisationen - eine komplexe "Wirklichkeitskonstruktion"

Subsysteme als potentielle Konfliktquellen

Jede Organisation beruht auf mehr oder weniger fixierten, "objektiv" vorgegebenen Rahmenbedingungen, wie z. B. hierarchischen Strukturen, Regelungen des Arbeitsablaufes, Dienstplänen und vielem anderen mehr. All dies birgt erfahrungsgemäß eine Menge von Konfliktpotential. Allerdings sind nicht dieser "äußere" Kontext, die ihm zugehörigen Sachverhalte, nicht die "äußere Wirklichkeit" als solche schon maßgebend, ob es in einer Organisation, in einer Einrichtung zu Konflikten kommt. Folgen wir der konstruktivistischen Sicht, so ist die Wahrnehmung, die Einschätzung und Bewertung der Situation durch die Beteiligten von ausschlaggebender Bedeutung. Der Weg zum Konflikt führt immer "über die Köpfe und Herzen" der an ihm Beteiligten. Die verschiedenen Subsysteme einer Organisation können jedoch als potentielle Konfliktquellen gesehen werden.

Konflikte - Konfliktdynamik - Konfliktlösung in systemisch-konstruktivistischer Sichtweise

Wesenselemente und Subsysteme einer Organisation

Element	Umschreibung	Subsystem
1. Identität	Die gesellschaftliche Aufgabe der Organisation, Mission, Sinn und Zweck, Leitbild, Fernziel, Philosophie, Grundwerte, Image nach innen und außen, historisches Selbstverständnis der Organisation	GEISTIG-KULTURELLES SUBSYSTEM
2. Policy, Strategie	Langfristige Programme der Organisation, Unternehmenspolitik, Leitsätze, Strategie und längerfristige Konzepte, Pläne	
3. Struktur	Aufbauprinzipien der Organisation, Führungshierarchie, Linien- und Stabsstellen, zentrale und dezentrale Stellen, formales Layout	POLITISCH-SOZIALES SUBSYSTEM
4. Menschen, Gruppen, Klima	Wissen und Können der Mitarbeiter, Haltungen und Einstellungen, Beziehungen, Führungsstile, informelle Zusammenhänge und Gruppierungen, Rollen, Macht und Konflikte, Betriebsklima	
5. Einzelfunktionen, Organe	Aufgaben, Kompetenzen und Verantwortung, Aufgabeninhalte der einzelnen Funktionen, Gremien, Kommissionen, Projektgruppen, Spezialisten, Koordination	
6. Prozesse, Abläufe	primäre Arbeitsprozesse, sekundäre und tertiäre Prozesse: Informationsprozesse, Entscheidungsprozesse, Planungs- und Steuerungsprozesse	TECHNISCH-INSTRUMENTELLES SUBSYSTEM
7. Physische Mittel	Instrumente, Maschinen, Geräte, Material, Möbel, Transportmittel, Gebäude, Räume, finanzielle Mittel	

Quelle: Glasl (1990: 116)

Abb. 9

MANAGEMENT

Konflikte - Konfliktdynamik - Konfliktlösung in systemisch-konstruktivistischer Sichtweise

"Organisationsanalyse" aus subjektiver Sicht

Will man die Konfliktträchtigkeit einer Organisation bzw. auch ihrer Subsysteme erfassen, so gilt es vor allem, die subjektiven Sichten der Organisationsmitglieder herauszuarbeiten. Erst eine "Organisationsanalyse" aus subjektiver Sicht läßt die Konfliktpotentiale einer Organisation sichtbar werden. Durch sie wird deutlich, welche Sachverhalte, Abläufe, Regeln, Erwartungen, Beziehungen von den Beteiligten aus ihrer jeweiligen Position heraus als problematisch, schwierig, hinderlich wahrgenommen und bewertet werden. Systemische und wirklichkeitskonstruktive Dimensionen spielen dabei eng zusammen.

Deshalb lassen sich Konfliktereignisse auch vom sonstigen aktuellen Geschehen im näheren und weiteren Umfeld einer Person nur schwer abgrenzen. Sie können durch bevorstehende, im Gang befindliche oder auch bereits abgelaufene Veränderungen ausgelöst oder veranlaßt werden, wie z.B.:

- Ein neuer, "forsch" auftretender, sich "dominant" verhaltender Kollege kommt in das Team.
- Das Budget wurde gekürzt, man/frau muß mit weniger Geld die gleichen Aufgaben wie bisher erfüllen.
- Im bevorstehe
- nden Jahr sollen neue Aufgaben hinzukommen, auf die man/frau nur ungenügend vorbereitet ist.
- Eine neue Führungskraft "irritiert" mit ihrem "ungewöhnlichen" Führungsverhalten.
- Durch Lean-management ändern sich Aufgaben, Statussymbole werden entzogen, drohen Verlust des bisherigen Arbeitsplatzes und beruflicher Abstieg.

Komplexe Wirklichkeitskonstruktion

"Konfliktgewebe"

In der Regel haben Konflikte sowohl einen objektiven, äußeren Aspekt (ein Geschehen im Umfeld der Betroffenen) wie einen subjektiven, psychischen Aspekt (Wahrnehmung, Bewertung durch die Person, emotionale Betroffenheit). Wir können sie daher als eine *komplexe Wirklichkeitskonstruktion* beschreiben, an der die in den Konflikt einbezogenen Menschen auf verschiedenen Ebenen (Mikro-, Meso-, Makroebene) mitwirken. Je mehr Personen und Ebenen in dem Konflikt aktiv sind, desto komplizierter sind die Verhältnisse, desto komplexer das "Konfliktgewebe".

Konflikte - Konfliktdynamik - Konfliktlösung in systemisch-konstruktivistischer Sichtweise

MANAGEMENT

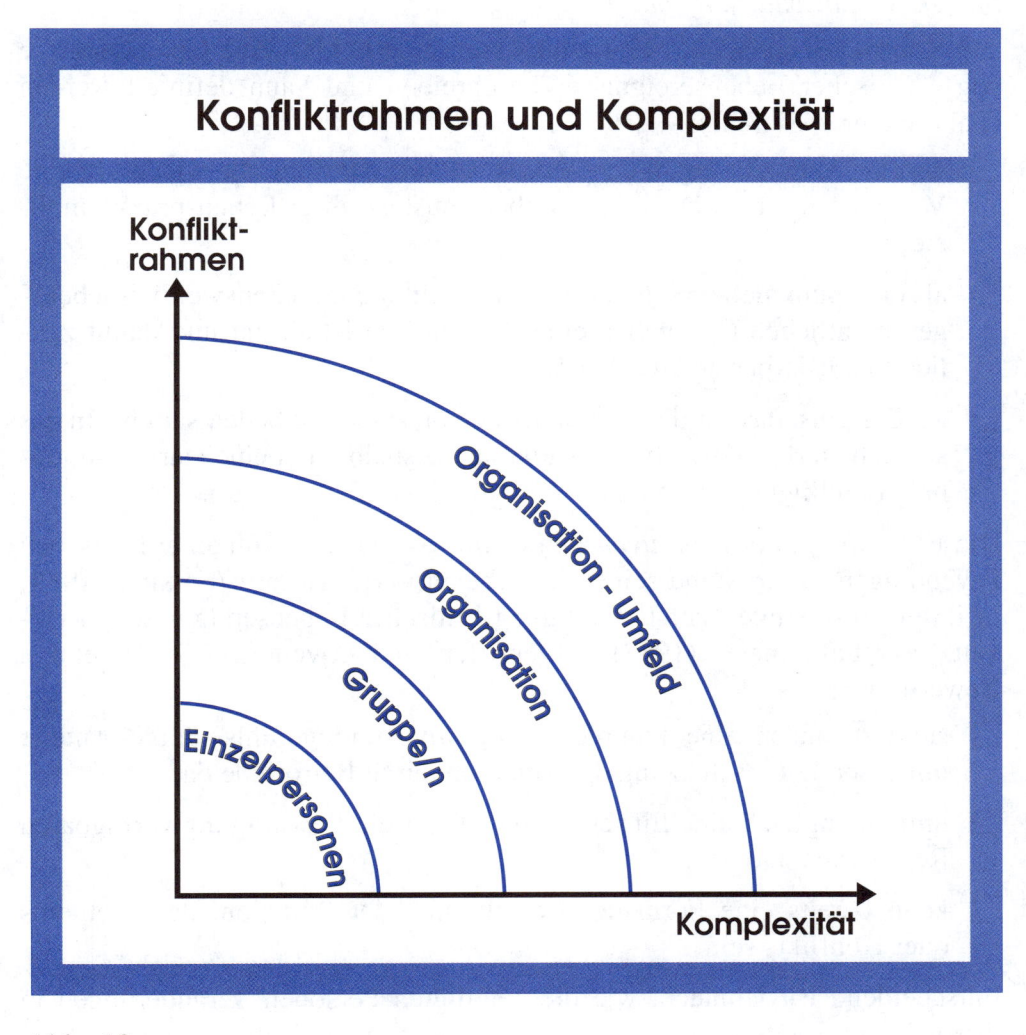

Konfliktrahmen und Komplexität

- Konfliktrahmen (y-Achse)
- Komplexität (x-Achse)
- Einzelpersonen
- Gruppe/n
- Organisation
- Organisation - Umfeld

Abb. 10

Subjektive Profilierung von Konflikten

Die Rahmenbedingungen einer Organisation oder Veränderungen in der Organisation - oft auch veranlaßt durch Entwicklungen im Umfeld der Organisation - sind in vielen Fällen "Auslöser" von Konfliktereignissen. Gehen wir von der wirklichkeitskonstruktiven Sicht aus, so wird über Dynamik und Brisanz eines Konfliktes allerdings auf der subjektiven Ebene der Konfliktwahrnehmung, -bewertung und -verarbeitung entschieden. Wir nennen dies die *subjektive Profilierung* eines Konfliktes. Diese beinhaltet

☐ die individuelle Einschätzung und Bewertung einer Situation als subjektiv "bedeutsam"

☐ und legt zudem bestimmte Reaktionsweisen der an dem Konflikt beteiligten Personen und Stellen nahe.

Subjektive Ebene der Konfliktwahrnehmung

MANAGEMENT

Konflikte - Konfliktdynamik - Konfliktlösung in systemisch-konstruktivistischer Sichtweise

Subjektive Einschätzung und Bewertung

Ein Konfliktereignis läßt sich sozialwissenschaftlich als eine Unterkategorie sog. "kritischer Lebensereignisse" beschreiben und kann definiert werden (Faltermeier 1987:35ff):

Konflikt als kritisches Lebensereignis

- ❏ als eine Veränderung in der Lebenswelt einer Person, die wiederum eine Veränderung ihres bisherigen Lebensmusters, ihrer Lebenspraxis impliziert;

- ❏ als eine punktuelle, raumzeitliche Verdichtung im lebensweltlich-lebensgeschichtlichen Geschehen einer Person. Sie ist abrupt und damit zeitlich lokalisierbar und datierbar;

- ❏ als Ereignis, das für die betroffene Person subjektiv bedeutsam ist, in das sie sich stark involviert fühlt, und das deshalb auch eine starke emotionale Beteiligung hervorruft.

Konzept der kognitiven Bewertung

Dieses "*Konzept der kognitiven Bewertung*" wurde von dem amerikanischen Psychologen Lazarus und seinen Mitarbeitern (vgl. Lazarus/Folkman 1984) in ihren Forschungen zur Bewältigung kritischer Lebensereignisse entwickelt, von Faltermeier (1987) aufgegriffen und erweitert. Die subjektive Bewertung

- ❏ stellt demnach eine komplexe, kognitive und gefühlsmäßige Anteile umfassende Einschätzung der Situation durch Betroffene dar;

- ❏ umfaßt zugleich eine Einschätzung der für die Bewältigung verfügbaren Ressourcen und

- ❏ kann bereits eine Form der Bewältigung der Situation, des Problems oder Konflikts sein.

Frame of reference

Entscheidend ist demnach, wie die beteiligten Personen Veränderungen in ihrem Umfeld aufgrund ihrer vorausgegangenen Erfahrungen, ihrer Denkmuster, Wertnormen, Interessen und Ziele (d.h. ihres *persönlichen Bezugsrahmens/frame of reference*) wahrnehmen, deuten, bewerten, verarbeiten und zu welchen Schlüssen sie kommen. So bewertet z.B. die Mitarbeiterin einer Einrichtung die Zielvorgaben des neuen Vorgesetzen als "überfordernd"; Arbeitsregelungen werden als "bürokratisch", "starre" Dienstpläne als einengend und mit den persönlichen Zeitplänen unvereinbar erlebt. Nicht die "äußere" Wirklichkeit als solche, d.h. als "objektive", "wirkliche", "echte" Wirklichkeit spielt die maßgebende Rolle. Von zentraler Bedeutung ist, wie die betroffene Person diese Wirklichkeit wahrnimmt, deutet und bewertet (siehe die in Anführungszeichen gesetzten Begriffe). Desweiteren kommt es darauf an, wie sie diese Bewertungen verarbeitet, zu welchen Schlüssen sie kommt, auch darüber, wie es sein sollte, ob sie etwas verändern kann und will, mit welchem Aufwand, mit welchen Risiken und Folgen.

Konflikte - Konfliktdynamik - Konfliktlösung in systemisch-konstruktivistischer Sichtweise

❏ Ein Ereignis kann eingeschätzt werden als
  - irrelevant
  - positiv: herausfordernd
  - negativ: bedrohlich, belastend.

❏ Die Einschätzung "negativ/bedrohlich" kann sich wiederum auf folgendes beziehen:
  - Schädigung/Verlust - ein eingetretenes oder zu erwartendes Ereignis (z.B. Versetzung);
  - Bedrohung - bei Ereignissen, die antizipierbar sind und eintreten könnten (z.B. Entlassung);
  - Herausforderung: "damit werde ich schon fertig".

Allgemein gesehen geht es bei Konflikten um Konfliktinhalte materieller und ideeller Art:

Konfliktinhalte

❏ *materiell*: Geld, Besitz, Statussymbole, wie Personal- und Raumausstattung, Dienstwagen;

❏ *immateriell/ideell*: Zeit, Prestige, Verantwortung, Einfluß, Werte, Wertschätzung.

Ein Konflikt ist Ausdruck einer Veränderung im Lebensumfeld einer Person/Gruppe, die wiederum eine Veränderung des bisherigen Lebensmusters impliziert. Mit Blick auf die genannten Konfliktinhalte kann das bedeuten: eine Situation, Veränderungen, Vorgänge, Sachverhalte im Umfeld einer Person sind nur dann konfliktträchtig, wenn diese sie angesichts ihrer Bedürfnisse, Ziele und Erwartungshaltungen als bedrohlich/herausfordernd hinsichtlich des eigenen Wohlbefindens, der eigenen Interessenverfolgung und angestrebter Zielrealisierungen wahrnimmt.

Einschätzung von Ressourcen zur Konfliktbewältigung

Unter Ressourcen verstehen wir ein Potential von Möglichkeiten, auf die eine Person bei dem Versuch, aus Lebensereignissen resultierende Belastungen/Herausforderungen zu bewältigen, zurückgreifen kann. Ob ein Ereignis als konfliktträchtig gesehen und bewertet wird, hängt auch davon ab, ob und wie die für die Bewältigung der spezifischen externen und/oder internen Anforderungen zur Verfügung stehenden Ressourcen wahrgenommen und hinsichtlich ihrer Tauglichkeit eingeschätzt werden. Die Person überlegt sich, fragt sich, überprüft, was sie tun kann, welche Mittel und Möglichkeiten sie hat, Belastungen zu bewältigen und ihr Wohlbefinden, ihre Interessen zu sichern oder auch wiederherzustellen. Dies schließt die Suche nach und die Bewertung persönlicher, sozialer, kultureller und materieller Ressourcen mit ein.

Welche Ressourcen sind verfügbar?

Unterschieden werden im allgemeinen persönliche, materielle, soziale und ideell-kulturelle Ressourcen:

MANAGEMENT

Konflikte - Konfliktdynamik - Konfliktlösung in systemisch-konstruktivistischer Sichtweise

Persönliche Ressourcen

Resultat von Lernerfahrungen

In der Person liegende, relativ stabile Potentiale, die in Konfliktsituationen aktualisiert und verfügbar gemacht werden können. Personale Ressourcen können als Resultat vorausgegangener Lernerfahrungen betrachtet werden. Sie haben nicht nur einen individuell-biographischen Hintergrund, sondern auch einen bildungs- (schicht-) und geschlechtsspezifischen. Untersuchungen lassen erkennen, daß Bewältigungsvermögen und -formen schicht- und geschlechtsspezifisch variieren (vgl. Faltermaier 1987:120).

Selbstkonzept und Selbstwertgefühl

Menaghan (1983) unterscheidet zwischen Einstellungen zur "eigenen Person" und denen "über die Welt". Zu ersteren gehören bevorzugt solche über die eigene Identität, wie z.B. Selbstkonzept und Selbstwertgefühl. Beides beeinflußt das Bewältigungsverhalten und hat, im Falle eines positiven Selbstkonzeptes und Selbstwertgefühls eine emotional anregende, streßreduzierende Wirkung. In gleicher Weise wirken offensichtlich (interne) Kontrollüberzeugungen, bei denen eine Person der Meinung ist, daß sie eher die Kontrolle über ihre Umwelt hat, exakter die Konfliktsituation zu ihren Gunsten steuern kann: "Ich bin durchaus in der Lage, das zu schaffen." "Das krieg ich in den Griff."

Soziale und kommunikative Kompetenzen

Eine wichtige Rolle als personale Ressource spielen auch die Bewältigungskompetenzen, d.h. die Fähigkeiten zu einem konkret erforderlichen und adäquaten Handeln. Hierzu gehören sowohl soziale und kommunikative Kompetenzen, wie auch Problemlösungsfähigkeiten und das erforderliche, einschlägige Wissen (Faltermeier 1987: 122 f.). Weiß ich aus eigener Erfahrung, daß ich in vergleichbaren Situationen dank eigener Fähigkeiten, Fertigkeiten und Kenntnissen den Konflikt bewältigen konnte, werde ich offensiver und zuversichtlicher in ähnliche Auseinandersetzungen gehen.

Materielle Ressourcen

Mittel, Güter, Arbeitsbedingungen

Gemeint sind die weiter oben (S. 29) schon erwähnten, in den sog. "*Issue-Konflikten*" begrenzten Mittel und knappen Güter wie Geld, Werkzeuge, Ausrüstung, qualitative Arbeitsbedingungen, Raum- und Personalausstattung, ökonomische Ressourcen, ausreichendes Budget, Verfügbarkeit von Sachmitteln, Marketing, Verkauf, Absatz etc.

Soziale Ressourcen

Beratung, Information, Zuwendung

Der Begriff "soziale Ressourcen" bezieht sich auf ein "soziales Netzwerk", d.h. auf die sozialen Beziehungen, in die eine Person eingebunden ist und darauf, ob und inwieweit diese für das individuelle Problemlösungsverhalten mobilisiert werden können. Konkreter gefaßt geht es darum, inwieweit Personen aus dem sozialen Netzwerk tatsächlich Hilfe und Unterstützung leisten. Diese Unterstützung kann in verschiedenen Formen realisiert werden (vgl. House 1981): als direkte Hilfeleistung, Beratung und Information, emotionale Unterstützung, Zuwendung und klärendes Feedback, die einer Person eine adäquate Einschätzung von sich erlauben, etc.

Konflikte - Konfliktdynamik - Konfliktlösung in systemisch-konstruktivistischer Sichtweise

Ideell-kulturelle Ressourcen

Verbindliche, von einem Konsens getragene Regeln, Normen und Werte in einer Organisation, auf die man/frau sich beziehen können, institutionalisierte Verfahrensweisen, deren man/frau sich bedienen, auf die sie zurückgreifen können und auch sollen. Kommt eine Person oder Partei zu dem Ergebnis, daß die ihr zur Verfügung stehenden und von ihr wahrgenommenen Ressourcen nicht ausreichen, um mit den spezifischen externen und/oder internen Anforderungen fertig zu werden, so beeinflußt dies ihr Konflikterleben und steuert die individuellen, unmittelbaren, oft unwillkürlich reflexhaft erfolgenden Reaktionen. In diesem Fall kommt es zu einem wahrgenommenen/erlebten Zustand relativen Ungleichgewichts in dem bisher aufgebauten "Passungsgefüge zwischen Person und Umwelt", der eine Neuorganisation in dem Person-Umwelt-System erfordert (Filipp 1981).

Regeln, Normen und Werte

Individuelle Reaktionen der Konfliktbewältigung als "anerkennenswerte Sicherheitshandlungen"

Zu den verbreiteten individuellen Reaktionen, die auf die Konfliktwahrnehmung folgen und die bereits Formen der Konfliktbewältigung sein können, gehören

❑ Ignorieren

Man/frau schaut willkürlich/unwillkürlich weg, übersieht den Konflikt, betreibt "Vogel-Strauß-Politik", d.h. steckt den Kopf in den Sand und wartet, bis sich die Wolken verzogen haben, in der Hoffnung, von möglichen Wolkenbrüchen verschont zu bleiben. Die Psychoanalyse charakterisiert dieses Verhalten als Konfliktabwehr und spricht von "Verdrängung". Die Zeit löst keine Konflikte, sondern läßt sie weiterschwelen oder verschärft sie!

Kopf in den Sand

❑ Tolerieren

Man/frau zeigt Verständnis für konträre, strittige Positionen und verzichtet darauf, eigene Interessen einzubringen. Mittelfristig gesehen gerät man/frau auf diese Weise leicht in eine Verliererposition.

Verständnis/Verzicht

❑ Resignieren

Verzicht auf Handeln, auf eigene Initiative, man/frau fühlt sich ohnmächtig, ist niedergeschlagen. Dem Konflikt wird ausgewichen, indem man/frau der GegnerIn aus dem Wege geht, sich kampflos ergibt, in eine Schein- und Traumwelt, oder in Müdigkeit, Krankheit, Abhängigkeit, Genuß- und Spielsucht flüchtet.

Ohnmachtsgefühle

❑ Regredieren

Rückfall in Verhaltensweisen, die in früheren Lebensabschnitten erworben wurden bzw. für diese "typisch" waren und sich dort für die eigene psychische Existenzsicherung und/oder für die Durchsetzung des eigenen Willens als erfolgreich erwiesen haben (z.B. das "Weinen" der Klischeesekretärin - Kindchenverhalten der Frau - "polterndes", "lautstarkes" Auftreten des Vorgesetzten - ein richtiger, drauflosgehender Junge -

Rückfall/Rückschritt

die Suche nach LeidenspartnerInnen nach dem Motto "geteiltes Leid ist halbes Leid").

❑ Rationalisieren

Kognitive Ebene

Suche nach vermeintlich "vernünftigen" Gründen, die aber häufig nicht zu den Konfliktursachen vorstoßen. Ursachenerforschung und Klärung der Konfliktgründe werden einseitig auf der kognitiven Ebene vorgenommen und blenden dadurch häufig wichtige Aspekte in den Konfliktzusammenhängen aus.

❑ Instrumentalisieren/Aktivieren

Konflikte nutzen

Den Konflikt für die eigenen Ziele/Zwecke/Interessen einseitig nutzen/verschärfen (z.B. wer sonst nicht viel zu sagen hat, macht auf sich aufmerksam, indem er/sie kräftig schürt, intrigiert.) Konflikte haben nicht nur negative Aspekte und Dimensionen, nicht selten lassen sie sich auch für den eigenen Karrierefortschritt nutzen.

Diese meist spontan und unwillkürlich ablaufenden Reaktionen führen auf Dauer nicht zu einer tragfähigen Konfliktlösung. Sie dienen bestenfalls einer häufig nur vorübergehenden Bewältigung/Regulation der negativen Emotionen (Angst, Wut, Verzweiflung, Enttäuschung) bzw. einer einseitigen Interessendurchsetzung.

Keine tragfähige Lösung

Häufig anzutreffende Gründe für das skizzierte Flucht- oder Konfliktvermeidungsverhalten sind:

❑ vorangegangene verlorene Kämpfe,

❑ scheinbar übermächtige Gegner, z.B. Vorgesetzte,

❑ persönliche Abneigung gegen Konflikte.

Noch eher selten sind Bewältigungsreaktionen wie:

❑ Gezielte Suche nach Informationen über die Konfliktsituation.

❑ Verhandlungsangebote auf der Basis unterschiedlicher Interessen.

Es wäre nun aber verfehlt, solche individuellen Reaktionen in psychologisierender Manier ausschließlich den übersituativen, internalisierten und relativ stabilen Verhaltenstendenzen der jeweiligen Person/Konfliktpartei zuzuschreiben. Warum?

Einfluß der Organisationskultur auf die Konfliktentstehung und Konfliktsteuerung

Organisationen als Beziehungssysteme

Aus systemischer Sicht lassen sich auch größere Organisationen als Beziehungssysteme verstehen, in denen die MitarbeiterInnen bewußt und unbewußt ihr Erleben, ihre Bewertungen und ihr Verhalten auf die von ihnen wahrgenommenen Regeln und Normen der Organisation/des Unternehmens hin ausrichten. Je nachdem wie sie diese Regeln und Normen wahrnehmen und interpretieren, wird das Spektrum ihres Erlebens, Handelns und Verhaltens auf bestimmte Teilbereiche in ihrem Denken und Fühlen eingeengt. Im Glashaus wirft man keine Steine, im Hause des Henkers spricht frau nicht

Konflikte - Konfliktdynamik - Konfliktlösung in systemisch-konstruktivistischer Sichtweise

vom Strick; bürokratisch geführte Betriebe hindern die MitarbeiterInnen an ihrer Selbstentfaltung, sich selbstregulierende Teams haben häufig Entscheidungs-, Leitungs- und Führungsprobleme. Diese Rahmenbedingungen und Beziehungssysteme spielen sowohl bei den oben beschriebenen Prozessen der subjektiven Einschätzung einer potentiell konflikthaften Situation eine Rolle, steuern aber auch die "Wahl" der Reaktionen auf den Konflikt und damit auch die Formen der Konfliktbewältigung auf sozial-interaktionaler Ebene.

Entscheidungs-, Leitungs- und Führungsprobleme

"Wahl" der Reaktionen, Formen der Konfliktbewältigung

Jede Organisation, jedes Unternehmen setzt aufgrund seiner internen und externen Regeln und Normen Signale für seine MitarbeiterInnen:

- Welche Streitpunkte, Kontroversen, dürfen wie angesprochen, sichtbar gemacht werden?
- Welchen Preis werde ich dafür bezahlen müssen? Was habe ich zu erwarten?
- Was bin ich bereit, dafür zu investieren/riskieren (an Zeit, Geld, Ansehen)?
- Bin ich überhaupt in der Lage, das anzupacken? Traue ich mir das zu? Kann ich das?
- Wo halte ich mich besser zurück? Was sollte ich zu meinem eigenen Vorteil ignorieren?

Eine besondere Bedeutung kommt in diesem Zusammenhang der *Organisationskultur* zu. Vielen klassischen Organisationstheorien (vgl. Weber 1972) liegt ein mechanistisch-technokratisch-bürokratisches Verständnis zugrunde, das Menschen als bloße Rollen- und Funktionsträger bzw. -Erfüller innerhalb linearer Kausalketten sieht. In der von uns bevorzugten Betrachtungsweise geht es vor allem darum, die Organisationsmitglieder als Menschen, MitarbeiterInnen und AkteurInnen zu sehen, die nicht nur von etablierten, institutionalisierten Regeln, Strukturen und Kulturen der Organisation her beeinflußt werden, sondern sich auch ihrerseits mit der Organisation/ dem Unternehmen gestaltend auseinandersetzen.

Organisationskultur

Dies verdeutlicht insbesondere der von amerikanischen Unternehmensberatern nach Westeuropa importierte und dort in den letzten Jahren verstärkt aufgenommene Begriff der *Organisationskultur*. Dieser Begriff zielt auf eine Vorstellung von Organisation "als ein gemeinschaftlich hervorgebrachtes Sinnsystem. ... So gesehen, lassen sich Organisationen als 'Lebenswelten' verstehen, in denen sich Menschen mit Hilfe der Sprache und anderer Symbolsysteme über die Bedeutung ihrer Arbeit verständigen" (Brunner 1993: 23).

Organisationen als 'Lebenswelten'

Eine Reihe von Publikationen haben sich in der zurückliegenden Zeit mit dem Phänomen "*Organisationskultur*" befaßt. Ein Konsens besteht in der Annahme eines "*Kulturkerns*", der sich aus einem Bündel zentraler Glaubensvorstellungen und Werte (*basic assumptions and values*) zusammensetzt. Dieses Glaubens- und Wertsystem ist den Mitgliedern einer Organisation nur teilweise bewußt. Es hat die Funktion einer Linse, "die Wahrnehmungen filtert, Interpretationen, Verhalten und Handlungen der Organisationsmitglieder steuert und diese im nachhinein rechtfertigt" (Sackmann 1983:396).

Kulturkern

MANAGEMENT

Konflikte - Konfliktdynamik - Konfliktlösung in systemisch-konstruktivistischer Sichtweise

Symbolsysteme

"Die gemeinsamen Erfahrungen, die die Organisationsmitglieder im Laufe der Zeit mit dieser Realitätsebene machen, werden symbolisch verdichtet, institutionalisiert und an neue Mitglieder weitergegeben. Diese 'Wahrheit' der Organisation schlägt sich auf der Ebene der Symbolsysteme in Gestalt von Mythen, Legenden, Ritualen, Feiern usw. nieder. Diese Ebene hat die Funktion eines Erfahrungsspeichers und eines kollektiven Gedächtnisses, das die Mitglieder an den Grundbestand an Werten, Normen und Regeln erinnert. Das macht die Maximen der Organisation für jedermann erkennbar.

Komplexitätsreduktion, Stabilität, Orientierung

Je homogener die Organisationskultur ist, desto leichter fällt den Organisationsmitgliedern die Orientierung - sorgt sie doch für Komplexitätsreduktion, Stabilität und Orientierung, damit für Sicherheit und Verläßlichkeit. Mit anderen Worten: die Organisationskultur repräsentiert als Symbolsystem eine vereinfachte, aber konsensuelle Sichtweise dessen, was an der jeweiligen Organisation wichtig ist, wie sie am besten funktioniert und in Zukunft sein soll" (Brunner 1993:23f). Der konservative, systemerhaltende Charakter der Organisationskultur kommt in diesem Zitat zum Ausdruck. Gefahr besteht dann, wenn sie so rigide und undurchlässig wird, daß sie vor den Anforderungen und Herausforderungen der Umwelt hermetisch abschirmt und auf Veränderungsimpulse nicht mehr flexibel reagiert wird.

Die Art und Weise, wie explizite, veröffentlichte und implizite Botschaften einer Organisation, aber auch die eines Teams, einer Arbeitsgruppe von den betroffenen Personen und Parteien "interpretiert" werden, steuert demnach die

❑ individuellen Reaktionen, die auf die Konfliktwahrnehmung folgen und damit auch die

❑ "Wahl" der Konfliktbewältigungsstrategie auf sozialer Ebene, d.h. die Interaktionen zwischen den Konfliktparteien.

Organisation und individuelle Reaktion

Kontextbotschaften

Wie kommt nun das Zusammenwirken von "*Kontextbotschaften*" der Organisation mit den individuellen Reaktionsweisen zustande? Wie lassen sich solche Vermittlungsprozesse und Vorgänge beschreiben und erklären?

Unterschiedliche Professionskulturen

Wir können davon ausgehen, daß Menschen je nach Kontext und Lebensphase auf unterschiedliche Erfahrungen, Schichten und Elemente ihrer biographisch erworbenen *frames of references* zurückgreifen und diese aktualisieren. Sie tun dies, um sich Sinn, Orientierung und Möglichkeiten zur Komplexitätsreduktion zu geben und um damit auch schneller handlungsfähig zu sein. Hinzu kommen im Verlaufe der beruflichen Sozialisation erworbene und verinnerlichte Berufsrollenerwartungen. Aus der Sicht unterschiedlicher Professionskulturen - wie z. B. der Sozialarbeit, der Medizin, der Psychologie, der Verwaltung, des Rechts ect. - wird die Welt in einem jeweils anderen Lichte gesehen. "Unterschiedliche Professionen haben ihre eigenen Wirklichkeiten. Sie haben ihre eigenen Selbststeuerungs- und Beziehungslogiken, verschiedene ethische Gesichtspunkte, verschiedene Horizonte, auf die sie sich in ihrem Selbstverständnis beziehen, und verschiedene Umwelten, in denen sie sich bewegen. Sie haben jeweils ihre Entscheidungskriterien, nach

Konflikte - Konfliktdynamik - Konfliktlösung in systemisch-konstruktivistischer Sichtweise

denen sie ihr Handeln ausrichten und bewerten" (Schmid 1993:21). Professionen legen bestimmte Reaktionen auf Konflikte nahe. Hinzu kommt, daß auch die Welt der Professionen hierarchisch geordnet ist. Die Wahrnehmung dieser Professionshierarchie in Einrichtungen hat ebenfalls Konsequenzen für Konfliktverläufe und Konfliktlösungen. Es gibt unterschiedliche Konfliktverläufe und dennoch wieder identische Konfliktmuster, je nachdem, ob es sich Auseinandersetzungen zwischen SozialpädagogInnen und PsychologInnen in Beratungsstellen, zwischen Sozialpädagogen und Juristen/Verwaltungsfachleuten in Behörden oder zwischen SozialarbeiterInnen und MedizinerInnen in Kliniken handelt.

Konsequenzen für Konfliktverläufe

Das Leben und Praktizieren des Konfliktes hat somit durchaus auch eine sinnvolle, nützliche und schützende Bedeutung. Diese muß gewürdigt und wertgeschätzt werden. Gerade die häufig als negativ angesehenen Reaktionen auf die Konfliktwahrnehmung dürfen daher nicht ausschließlich als Defizit gesehen werden. Sondern: Es sind oft anerkennenswerte *Sicherheitshandlungen* in einem Kontext, von dem man/frau annehmen kann, daß solche Handlungen "schützen", "absichern" und damit subjektiv einen Sinn machen (Schmidt 1994a:1). Aus dieser Sicht können sie, trotz oftmals unerwünschter Effekte durchaus als kompetentes Ressourcenverhalten verstanden werden. Sie stellen Anpassungsleistungen, Lösungsversuche dar im Hinblick auf die von den Beteiligten als relevant angesehenen "Spielregeln" des Systems.

Anerkennenswerte Sicherheitshandlungen

Das Konfliktbewältigungsverhalten erweist sich bei einer differenzierten Untersuchung der internalen und interaktionellen Systemzusammenhänge (vgl.Kapitel 7) meist als Ausdruck eines Optimierungsversuches, "bei dem konflikthaft aufeinander treffende Teilwertsysteme", die sich widersprechen "auf einen noch am ehesten möglichen gemeinsamen Nenner gebracht werden sollen" (Schmidt 1994a:2).

Konflikttrainings, die vor allem darauf abzielen, unerwünschte Verhaltensweisen durch effektivere zu ersetzen, deren schützende Funktion aber nicht sehen, unterliegen der Gefahr zu scheitern, ins Leere zu laufen. In vielen Fällen geht es nicht nur um mangelnde Kompetenzen, Kenntnisse und Fähigkeiten. Angemessenere Verhaltensweisen sind oft im Repertoire der Beteiligten enthalten, werden aber aus den genannten Gründen (Furcht vor unangenehmen Konsequenzen, negativen Sanktionen) nicht genutzt.

Konflikttrainings sind keine Lösung

Individuelle Konfliktreaktionen als Ausdruck aktiver Beziehungsgestaltung

Die "Wahl" der individuellen Reaktion auf eine Konfliktsituation läßt sich als Intervention in die Beziehung zur eigenen Person und zu den anderen BeziehungspartnerInnen beschreiben. Das bedeutet nicht, daß die Beteiligten bzw. der/die Problemträger die dadurch hervorgerufenen Auswirkungen intendieren bzw. gewollt herbeiführen möchten. Mit Blick auf die von Erickson entwickelte Hypnotherapie können diese Zusammenhänge als Trancephänomene auf psychischer Ebene interpretiert werden, die durch autosuggestive Problemindukionsprozesse (Selbstinduktion, Selbsthypnose) zustandekommen (vgl. Erickson/Rossi 1991, Araoz 1989). Auswirkungen solcher

Trancephänomene

MANAGEMENT

Konflikte - Konfliktdynamik - Konfliktlösung in systemisch-konstruktivistischer Sichtweise

Trancephänomene als Folge kritischer Konflikterlebnisse und autosuggestiver Konfliktverarbeitung erstrecken sich

- ❏ auf die eigene Person, das Selbstbild
- ❏ auf die anderen Konfliktparteien und BeziehungspartnerInnen
- ❏ auf die Beziehung zu anderen Systemelementen.

Auswirkungen auf die eigene Person, das Selbstbild

Beziehungsalter

In Konflikten nimmt jeder/jede sich selbst in einer bestimmten Art und Weise wahr und definiert sich in einem bestimmten "Beziehungsalter" (vgl. o. "Regression"). Davon ausgehend wird auch definiert, was ich kann/nicht kann, was ich von anderen erwarten kann/nicht erwarten darf, was andere von mir erwarten können/nicht erwarten können. Inwieweit ich für mich verantwortlich bin/nicht verantwortlich bin. Wieviel Raum/Rechte ich für das Einbringen, die Einforderung eigener Belange, Bedürfnisse, Interessen habe/nicht habe. Ähnlich wird auch die Beziehung zum eigenen Organismus definiert. Ich bin der "Lastesel, der den ganzen Arbeitsschrott tragen muß;" oder das "anfällige, kränkliche Pflänzchen, das einen Anspruch darauf hat, geschont zu werden", usw. Oft wird auch in einer Art "Konzeptwechsel" zwischen Abwertung und Aufwertung gependelt, was häufig zu einer Stabilisierung der Konfliktreaktionen beiträgt.

Konzeptwechsel

Selbstgespräche, Tonbandschleifen

Von besonderer Bedeutung sind auch die inneren Bilder/Filme, die Selbstgespräche, die "unwillkürlichen Tonbandschleifen" und "inneren Stimmen". Sie enthalten Aussagen impliziter und expliziter Art über das eigene Selbstbild sowie darüber, wie jemand glaubt, daß andere ihn sehen.

Auswirkungen auf die anderen Konfliktparteien und BeziehungspartnerInnen

Definitionsangebote

Ihnen werden Definitionsangebote gemacht, wie sie mich sehen und behandeln sollen (als kräftiges Zugpferd, einsamer Held, verfolgte Unschuld, verkanntes Genie, enttäuschter Wohltäter, Schilfrohr im Wind etc.). Die Definitionsangebote sind meist ambivalent und enthalten oft widersprüchliche Einladungen (Schmidt 1994b:2).

Ähnlich werden auch die Beziehungskonstellationen zur anderen Konfliktpartei und zu den anderen BeziehungspartnerInnen (KlientInnen, KollegInnen, Vorgesetzten) gestaltet, ob gewollt oder nicht. "Z. B. bewirkt es, wenn ein Interaktionspartner sich altersregressiv erlebt und verhält, meist massive Einschränkungen seiner Erwachsenenkompetenzen für die Zeit seiner Regression; dies ruft aber meist andere auf, sich um so konzentrierter auf ihre Erwachsenenressourcen zu besinnen und diese zu leben (Komplementärbeziehung). Die 'Insuffizienz' auf der Erwachsenenebene des einen Interaktionspartners bewirkt dabei oft eine Stärkung und Stützung des anderen Komplementärpartners" (Schmidt 1994a:10).

Dies ist die Basis für die weiter unten (S. 55) noch näher zu beschreibenden interaktionalen Muster im Umgang mit Konflikten.

Konflikte - Konfliktdynamik - Konfliktlösung in systemisch-konstruktivistischer Sichtweise

Auswirkungen auf die Beziehung zu anderen Systemelementen der Organisation

Auch der eigene Blick auf und die Einstellung zur Organisation können sich verändern. Organisationsziele, an die man/frau geglaubt und unkritisch akzeptiert hat, erscheinen in einem anderen Licht, werden brüchig und problematisch; offizielle Hierarchen konkurrieren mit inoffiziellen EntscheiderInnen, Dienstpläne werden mit anderen Augen gesehen, vertraute Gewohnheiten und individuelle Ansprüche werden neu definiert, der "ganze Betrieb" erscheint in einem völlig neuen Licht.

Organisationsziele werden brüchig

Eingespielte/eingeschliffene Muster im Umgang mit Konflikten auf interaktionaler Ebene

Testen und festlegen wer mehr Macht besitzt

Macht läßt sich beschreiben als die Fähigkeit, jemanden zu zwingen, etwas zu tun, was er/sie eigentlich gar nicht will (Ury/Brett/Goldberg 1991:24). Machtausübung führt stets dazu, der anderen Seite Kosten anzudrohen bzw. aufzuerlegen. Sicherlich können auch auf diese Weise Konflikte beigelegt werden. Die unterlegene, abhängige Partei gibt nach, zieht sich zurück.

Machtorientierte Konfliktstrategien

- ❏ verhandeln aus einer Position der Stärke,
- ❏ kämpfen um die Vorrangstellung,
- ❏ treffen Entscheidungen ohne Absprache,
- ❏ halten wichtige Informationen zurück.

Machtorientierte Konfliktstrategien

Reaktionen der Gegenpartei auf Machtausübung sind vor allem:

- ❏ sich zurückziehen (z.B. krank werden),
- ❏ resignieren (innerlich emigrieren),
- ❏ Widerstand zeigen (z.B. Dienst nach Vorschrift),
- ❏ kämpfen/protestieren.

Reaktionen auf Machtausübung

Konfliktstrategien dieser Art werden als *Gewinner-Verlierer-Strategie* bezeichnet.

MANAGEMENT

Konflikte - Konfliktdynamik - Konfliktlösung in systemisch-konstruktivistischer Sichtweise

> **Die Gewinner-Verlierer-Strategie**
>
> ❏ Die Gewinner-Verlierer-Strategie geht davon aus, daß jede Partei nur soviel gewinnen kann, wie die andere Partei verliert.
>
> ❏ Jeder Gewinn der einen Partei führt unweigerlich zu einem Verlust für die andere Partei.
>
> ❏ Diese Strategie wird auch Nullsummenspiel genannt, weil die Summe aus Gewinn und Verlust immer gleich Null ist.
>
> ❏ Als Beispiele sind das Durchsetzen der eigenen Interessen (Machtanwendung) und das Glätten der Gegensätze zu erwähnen.
>
> ❏ Bei der Machtanwendung setzt eine Partei auf Kosten der anderen ihren Standpunkt durch.
>
> ❏ Oft ist eine derartige Situation durch Konkurrenzdenken charakterisiert.
>
> ❏ Die Machtanwendung ist nur dann vertretbar, wenn die Konfliktbewältigung in kürzester Frist erfolgen muß.
>
> ❏ Beim Glätten spielt man die Differenzen und Gegensätze herunter und hebt die positiven Seiten bzw. die übereinstimmenden Punkte hervor.

Abb. 11

Abwehrreaktionen der Gegenseite

Konfliktlösungen durch Machtanwendung erzielen meist nur kurzfristige Erfolge/Gewinne und sind mit hohen Kosten verbunden. Im Wiederholungsfall provozieren sie Abwehrreaktionen auf der Gegenseite und machen "früher oder später auch die Gewinner zu Verlierern" (Brommer 1994:214). "Außerdem gilt es zu berücksichtigen, daß die Abwehrreaktionen der Verlierer unnötig viel Kraft und Energie kosten, um sie zu überbrücken. Diese Energie könnte viel sinnvoller und produktiver in konstruktive, langfristige Konflikt-Lösungen investiert werden." (ebd.)

Dafür ein Beispiel: eine Sozialpädagogin ist in einer Beratungsstelle der Diakonie beschäftigt und lebt unverheiratet mit ihrem Partner zusammen, - aus Sicht des Arbeitgebers "in wilder Ehe". Zur Lösung des Problems stehen ihm - aus Sicht der Machtposition - zwei Wege offen:

a) der Arbeitgeber droht Kündigung an - die Sozialpädagogin heiratet.

"Waffenstillstand" oder "kalter Konflikt"

b) der Arbeitgeber weiß, daß er angesichts des Arbeitsmarkts die Stelle nicht rasch qualifiziert besetzen kann. Der Beratungsbedarf ist hoch und die Sozialpädagogin leistet gute Arbeit. Also verzichtet er auf Kündigung, flüchtet in eine Art "Waffenstillstand" oder "kalten Konflikt" (vergl. S. 34).

Grad der Abhängigkeit

Die Kosten dieser beiden Machtstrategien sind hinsichtlich der investierten Zeit, Nerven und Motivation aller Beteiligten schwer zu kalkulieren, aber vermutlich recht hoch. Weigert sich die Sozialpädagogin und wird gekündigt, so muß der Arbeitgeber Zeit und Geld in die Neubesetzung der Stelle und die Einarbeitung der Nachfolgerin investieren. Dabei hat er keinerlei

Konflikte - Konfliktdynamik - Konfliktlösung in systemisch-konstruktivistischer Sichtweise

MANAGEMENT

Garantie, eine gleich qualifizierte Mitarbeiterin zu gewinnen. Setzt sich die Sozialpädagogin durch und verzichtet der Arbeitgeber auf die Kündigung, führt aber den "kalten Konflikt" fort, so wird vermutlich die Arbeitsmotivation der Mitarbeiterin sinken, Krankheiten und Fehlzeiten nehmen zu etc. Auch diese Nichtlösung des Konflikts verursacht erhebliche Kosten - für beide Seiten.

In Beziehungen, die von gegenseitiger Abhängigkeit geprägt sind (z.B. MitarbeiterIn -Einrichtungs- oder Unternehmensleitung) setzt sich die unter den konkreten Rahmenbedingungen am wenigsten von der anderen Seite abhängige Partei durch. Glaubt die Sozialpädagogin, aufgrund der für sie günstigen Arbeitsmarktverhältnisse schnell wieder eine adäquate Position zu finden, wird sie vermutlich nicht nachgeben.

Nicht immer ist im voraus klar ersichtlich, wer die stärkere Partei ist, da Stärke oft auch ein Resultat der individuellen Wahrnehmung ist. Häufig kommt es auch zur Fehleinschätzung der wirklichen Machtverhältnisse. "Die beteiligten Konfliktparteien können bei der Einschätzung ihres Gegners unter Umständen die Tatsache außer acht lassen, daß dieser in dem Kampf ein größeres Maß an Mitteln einsetzt als erwartet. Dies ist vor allem dann der Fall, wenn er fürchtet, daß Veränderungen bestehender Machtverhältnisse den Ausgang zukünftiger Konflikte beeinflussen werden" (Ury/Brett/Goldberg 1991:25).

Fehleinschätzung der Machtverhältnisse

In vielen Fällen setzen Entscheidungen aus der Machtposition einen potentiell zerstörerischen Machtkampf voraus. In der Regel gibt es deswegen bei einer Konfliktbewältigung auf der Basis von Machtausübung - mittel- und langfristig - auch keine wirklichen Sieger, sondern nur Verlierer auf beiden Seiten.

Die Verlierer-Verlierer-Strategie

❏ Diese Strategie bringt beiden Parteien einen Verlust ein. Weder die eine noch die andere Partei erreicht genau das, was sie erreichen wollte.

❏ Beide Parteien müssen sich mit einem Teil des Gewollten begnügen.

❏ Zur Verlierer-Verlierer-Strategie sind vor allem der Rückzug und der Kompromiß zu zählen.

❏ Beim Rückzug wird einer potentiellen oder tatsächlichen Meinungsverschiedenheit ausgewichen.

❏ Einen Kompromiß schließen bedeutet, zu einer Übereinkunft, einem Vergleich zu kommen, bei dem jeder Beteiligte Zugeständnisse macht.

Abb. 12

Bestimmen wer im Recht ist

Konflikte können auch dadurch gelöst oder bewältigt werden, daß überprüft und entschieden wird, welche der Konfliktparteien "recht" hat. Maßstab hierfür sind kontextabhängige, objektiv vorgegebene Normen und Regelungen, die z. B. in Verträgen, Unternehmensleitlinien und/oder Gesetzen festgelegt

Verträge, Unternehmensleitlinien, Gesetze

sind, oder bei denen es sich um gesellschaftlich akzeptierte Verhaltensnormen handelt.

Mit Blick auf das individuelle Verhalten sind Normen - im Unterschied zu Interessen und Werten - zunächst einmal *externe* Steuerungsgrößen. Unmittelbar relevant sind sie lediglich dann, wenn sie auf individueller Akzeptanz beruhen und somit auch als verbindliche Handlungsmaßstäbe in Anspruch genommen werden. Dies ist unter den heutigen pluralistischen Bedingungen nicht ohne weiteres voraussetzbar.

Auch hierfür zwei Beispiele aus der Praxis:

a) Der langjährigen Leiterin einer Familienberatungsstelle wird nach ihrer Scheidung von ihrem kirchlichen Arbeitgeber mit Verweis auf die Unauflösbarkeit der Ehe nahegelegt, ihre Stelle aufzugeben.

b) Der Sozialarbeiter eines Jugendamts, zugleich PraktikantInanleiter, bekommt von seinem Vorgesetzten mitgeteilt, daß die PraktikantIn die nächsten drei Monate aufgrund akuten Bedarfs in der Asylarbeit eingesetzt wird. Der Sozialarbeiter wird im Vorfeld der Entscheidung nicht gefragt. Er ist empört, daß über ihn hinweg verfügt wird und beruft sich auf den gültigen PraktikantInvertrag, um den Konflikt in seinem Sinne zu lösen.

Widersprüchliche Normen

In diesen Beispielen, wie auch generell, wenn es um eine Konfliktbewältigung auf der Basis von Rechtspositionen geht, tritt häufig die Schwierigkeit auf, daß sich unterschiedliche und manchmal widersprüchliche Normen heranziehen lassen, die oft auch noch individuell unterschiedlich wahrgenommen und ausgelegt werden. Bekanntlich sind selbst gesetzlich formulierte bzw. vertraglich festgehaltene Rechte nicht immer eindeutig. Häufig kann

Schlichtungsverfahren

erst über eine neutrale dritte Partei im Rahmen einer Konfliktverhandlung, eines Schlichtungsverfahrens oder gar eines gerichtlichen Verfahrens (z.B. in Form eines Arbeitsprozesses) der Streitfall entschieden werden.

Schiedsgerichte, Schlichtungsstellen, Gerichte

Wenn Auseinandersetzungen zu keinem Ergebnis führen und die Konfliktparteien nicht in der Lage sind, den Konflikt selbst zu lösen, wird er oft an eine neutrale Partei zur Schlichtung delegiert. Die Schlichterrolle kann von einem gemeinsamen Vorgesetzten übernommen werden. In manchen Fällen werden aber auch spezielle Gremien (Schiedsgerichte/Schlichtungsstellen/ Gerichte) oder externe BeraterInnen und ExpertInnen als SchiedsrichterInnen herangezogen. Zur Delegation der Konfliktlösung an Dritte kommt es vor allem bei festgefahrenen Konfliktsituationen und Konflikteskalationen. Erfahrungsgemäß gib es bei der Delegation keine "absolute" SiegerIn, sondern, gemessen an den maximalen Konfliktzielen der Beteiligten, nur VerliererInnen. Lösungswege dieser Art sind oft langwierig, kompliziert und teuer. Sie hinterlassen nicht selten "Flurschäden", deren Behebung wiederum Kosten verursacht.

Konflikte - Konfliktdynamik - Konfliktlösung in systemisch-konstruktivistischer Sichtweise

MANAGEMENT

Unverbindliche Problemlösungen anstreben

Hierbei beziehen wir uns auf die in der Politik, in vielen Unternehmen, Einrichtungen und Verwaltungen mit hohem Zeitaufwand betriebenen Verfahren vordergründiger, *symbolischer* Problemlösungen. Gemeint sind die zahlreichen, unter Zeitdruck und der Last der Alltagsgeschäfte, immer mehr auch unter zunehmendem Ressourcendruck und Wettbewerb vorgenommenen, perspektivlosen, über den Tag nicht hinausgehenden Beschwichtigungen und Problemverschiebungen. Um nicht wirkliche Veränderungen in Strukturen, Konzepten und Zielsetzungen vornehmen zu müssen, werden die alten Probleme und Themen ständig neu diskutiert. Häufig stehen ungelöste oder nicht lösbare Machtkonflikte hinter dieser Strategie.

Symbolische Problemlösungen

Problemverschiebungen

"Konfliktverschiebungsstrategien" dieser Art sind aber auch charakteristisch für viele Non-Profit-Unternehmen und soziale Einrichtungen. Vom Selbstverständnis und ihren ideologischen Leitbildern sind sie in der Regel auf hohe Werte verpflichtet: "z.B. Gemeinwohl, Altruismus, Solidarität, Mitbestimmung, Gleichheit. Von persönlichem Prestige, Profilierung und Machtgewinn - und gar noch auf Kosten anderer - ist als Zielsetzung nicht die Rede. Schon gar nicht vom Ausgrenzen eigener Leute. Wohin also mit diesen Themen...? Natürlich ab in den informellen Bereich" (Doppler 1992:134).

Konfliktverschiebungsstrategien

Auch Führungskräfte reagieren zu oft auf solche Appelle und "verzichten" darauf, ihre Leitungsaufgaben wahrzunehmen, weil in der Organisation/dem Unternehmen "alle gleich" sind. Innere Konflikte, resultierend aus divergierenden Anforderungen - einerseits "zu leiten", andererseits die MitarbeiterInnen ("hier sind alle gleich") mitentscheiden zu lassen -werden oft durch "Verzicht auf Führung" gelöst. Da aber auf Führung nicht verzichtet werden kann, induziert diese Haltung nicht selten Folgekonflikte auf sozialer Ebene. Anstehende Entscheidungen werden im Team zeitaufwendig, wiederkäuend durchdiskutiert, vertagt, oder kaum getroffen wieder in Frage gestellt. Man tritt auf der Stelle und dreht sich im Kreise von wiederkehrenden Dauerdiskussionen. Die Arbeit wird ineffektiv und ineffizient. Neue Konflikte als Folge der alten, ungelösten, stellen sich ein. Wer kennt nicht diese Situation?

Verzicht auf Führung

Wiederkehrende Dauerdiskussionen

Konflikte aussitzen und sich durchwursteln

Hier sind sich die Beteiligten einig, daß sie mit dem ungelösten Konflikt besser leben können als mit einer riskanten, komplizierten Konfliktlösung mit ungewissem Ausgang. ("Reform ist nötig, nur ändern soll sich nichts"). Die gefundenen internen Arrangements, Abgrenzungen und Besitzstände werden den Veränderungsprozessen mit unsicheren Zukunftsperspektiven vorgezogen. Mit anderen Worten: die Vorteile/Vorzüge der herrschenden Situation überwiegen und neutralisieren den Willen zur Veränderung. Es herrscht eine Jammer- und Klagekultur ohne Veränderungswillen!

Jammer- und Klagekultur ohne Veränderungswillen

Eine solche treffen wir - wenn auch nicht ausschließlich - so doch signifikant häufig in sozialen Einrichtungen und hier wiederum vor allem in solchen mit traditionell karitativer Prägung an: "Abstrakte Werthaltung, die Forderung, immer nur das übergreifende Gesamt im Auge zu haben, führen leicht zu einer permanenten Überforderung des einzelnen und verbannen alles

MANAGEMENT

Konflikte - Konfliktdynamik - Konfliktlösung in systemisch-konstruktivistischer Sichtweise

Menschlich-allzu-Menschliche in den informellen Untergrund - ganz nach dem Motto, 'daß (offiziell) nicht sein kann, was nicht sein darf" (Doppler 1992:134f). Davon betroffen sind in zahlreichen Non-Profit-Organisationen eben auch Konflikte.

Ausgleich von Interessen

Diese Konfliktbewältigungsstrategie zielt auf multilaterale Interessenberücksichtigung. Interessen stehen in engem Zusammenhang mit Überzeugungen, Werten, Bedürfnissen, Wünschen, Sorgen und Ängsten der Menschen und sind eingebunden in die Motivationsstruktur des Individuums. Sie sind Teil des persönlichen Bezugsrahmens (frame of reference). Interessen wirken als innere Steuergröße und stehen gewissermaßen "hinter" individuellen Zielen und Verhaltensweisen, die konkreter faßbar sind.

Kontextbezogenes, interessengeleitetes Handeln

Aber auch Interessen sind keine rein individuellen, situationsunabhängigen Produkte. Systemisch gesehen sind sie eingelassen und bezogen auf einen äußeren Kontext: die Arbeitsbeziehung mit KollegInnen, zum Vorgesetzen, im Team oder auch in einer Organisation (Einrichtung, Unternehmen). So gesehen ist menschliches Handeln kontextbezogen interessengeleitet. Individuelle Interessen und Interessenzusammenhänge werden auch von den wahrgenommenen äußeren Rahmenbedingungen, Erwartungen, Regeln, Normen, Hierarchien und Handlungsspielräumen geprägt, die formell festgelegt sind und/oder sich informell eingespielt haben. Die einzelne Person als Mitglied unterschiedlicher Systeme - auch am Arbeitsplatz - entwickelt und verfolgt von ihren unterschiedlichen Systembeziehungen her auch unterschiedliche Interessen, die sich durchaus widersprechen können.

Kompromiß- und Konsenssuche

Varianten einer interessengeleiteten Konfliktlösung sind z.B. Kompromiß- und Konsenssuche.

Kompromiß

Nachteile für beide Seiten

Beim Kompromiß (z.B. in Tarifkonflikten) einigt man sich darauf, daß jede Partei Zugeständnisse macht, bis eine gemeinsame Basis gefunden ist. Häufig wird der Kompromiß vor der Schlichtungsstelle angestrebt, wenn die Gegner gleich stark sind. Es darf aber nicht übersehen werden, daß in diesem Falle jede Partei Nachteile hinnehmen muß, und daß eventuell eine Seite wieder angreifen wird, sobald sie eine neue Gewinnchance sieht.

Konsens

Konstruktive Konfliktbearbeitung

Dauerhafte Konfliktlösung

Als die beste Lösung für alle am Konflikt beteiligten Seiten kann ohne Zweifel der Konsens angesehen werden, bei dem nicht die Lösung mit dem Brecheisen herbeigeführt wird, sondern eine gemeinsame, konstruktive Konfliktbearbeitung unter Berücksichtigung der unterschiedlichen Interessen im Vordergrund steht. Bei dieser Methode werden die positiven Auswirkungen, die ein Konflikt haben kann, voll genutzt. Die widersprechenden Interessen, Meinungen oder Streitpunkte werden diskutiert, gegeneinander abgewogen und zu einem besseren Ganzen weiterentwickelt. Diese Methode führt am

Konflikte - Konfliktdynamik - Konfliktlösung in systemisch-konstruktivistischer Sichtweise

ehesten zu einer dauerhaften Konfliktlösung, weil die gemeinsam erarbeitete Lösung in der Regel von allen Beteiligten akzeptiert und unterstützt wird.

Geeignete und übliche Verfahren der Konfliktbewältigung, die darauf abzielen, unterschiedliche Interessen wahrzunehmen und auszugleichen sind:

- Verhandeln mit dem Ziel, eine Vereinbarung zu erreichen;
- Schlichtung durch einen Dritten (z.B. "neutraler" Vorgesetzter oder BeraterIn), der moderierend/koordinierend die Streitparteien in die Erarbeitung der Lösung einbezieht.

Hier geht es darum, durch gezieltes, wechselseitiges Arrangieren eine "win-win"-Situation (Jedermann/frau-gewinnt-Situation) zu ermöglichen.

"win-win"-Situation

> **Die Gewinner-Gewinner-Strategie**
> - In der Gegenüberstellung wird der Konflikt direkt angegangen.
> - Die unterschiedlichen Interessen und widersprechenden Meinungen werden diskutiert, gegeneinander abgewogen und neu formuliert.
> - Kooperativ wird eine Problemlösung angestrebt, die für alle Beteiligten annehmbar ist.
> - Man spricht deshalb auch von einer konstruktiven Konfliktlösung

Abb. 13

In der Realität sind Konfliktverhandlungen selten einer isolierten Kategorie von Interessen, Macht oder Recht zurechenbar, sondern oft eine Mischung aus allen diesen Faktoren. Ein Interessenausgleich kann oft nur unter Berücksichtigung der Rechts- und Machtpositionen der jeweiligen Parteien stattfinden (Ury/Brett/Goldberg 1991: 26). Eine auf Rechts- oder Machtpositionen beruhende Konfliktlösung kann allen Konfliktbeteiligten helfen, die realistischen Rahmenbedingungen sichtbar zu machen und zu akzeptieren, die den Verhandlungsspielraum festlegen, in dem eine Lösung gefunden werden muß. Wichtig ist es, die Auswirkungen, Folgen und damit auch "Kosten" der angestrebten Konfliktlösungsstrategien zu verdeutlichen, um auf dieser Basis zu einem tragfähigen Ergebnis zu kommen.

Interessen, Macht, Recht

"Hypnotische Fixierungen" als Basis von Konfliktbewältigungsstrategien

Was sind die Basisprozesse, die in einem Beziehungssystem, in einer Organisation zum Einschleifen der beschriebenen unterschiedlichen Muster der Konfliktbewältigung führen?

Zunächst kann davon ausgegangen werden, daß sowohl die Interaktionen mit BeziehungspartnerInnen (z.B. ArbeitskollegInnen, Vorgesetzen), aber auch die mit der eigenen Person, ein Ausdruck der "*Fokussierung von Aufmerksamkeit*" sind. Gemeint sind damit jene innerpsychischen Vorgänge, durch die Wahrnehmung, Denken, Fühlen und Verhalten der Menschen in selekti-

Fokussierung von Aufmerksamkeit

MANAGEMENT

Konflikte - Konfliktdynamik - Konfliktlösung in systemisch-konstruktivistischer Sichtweise

ver Weise ausgerichtet werden, und die ihrerseits wiederum eine bestimmte Ausrichtung bewirken. Diese Fokussierung zeigt Analogien zu dem, was im therapeutischen Kontext als Hypnose geschieht. Unter Hypnose wird dabei (mit Bezug auf Erickson) eine zielgerichtete Ausrichtung/Fokussierung der Aufmerksamkeit auf der Ebene willkürlicher/bewußter Wahrnehmung, vor allem aber auf der Ebene des unwillkürlichen/unbewußten Verhaltens verstanden (Schmidt 1994a:8).

Wechselseitige Einladungen

Die zwischen den BeziehungspartnerInnen ablaufenden, *quasi-hypnotischen Fokussierungen* im Sinne von *wechselseitigen Einladungen* werden als zentraler Wirkfaktor für die Art und Weise gesehen, wie sich ein soziales System organisiert. Der quasi-hypnotische Aspekt der Vorgänge läßt sich vor allem in den unwillkürlich/unbewußt ablaufenden Prozessen häufig beobachten. Die Beiträge der in den Konflikt involvierten Personen wirken auf sie selbst und auf die anderen Beteiligten wie wechselseitige Induktionsrituale und Aufforderungen zum Tanz; je nachdem, welchen interaktionellen 'Ritualtanz' die Beteiligten gerade 'tanzen', führt dies in der Organisation entweder zu einer *Problemfokussierung* (z.B. *Gewinner-Verlierer-Strategie*) oder zu einer *Lösungsfokussierung* (in Verbindung mit der *Jeder-gewinnt-Strategie*). Die Wahl ihrer eigenen Strategie machen die Konfliktbeteiligten dabei vorzugsweise von der Vorgehensweise der Gegenpartei abhängig. Dies führt zu einer Einengung des eigenen Erlebens und Verhaltens auf bestimmte Ausschnitte des potentiellen Handlungs- und Lösungsspektrums entsprechend den interpretierten 'Regeln' des Systems. (Schmidt 1994a:11). Die Beteiligten "hypnotisieren" sich gewissermaßen wechselseitig in einen Fokussierungs-"Raum" von Konfliktstrategien hinein. Dies geschieht - wie gesagt - nicht zwangsläufig, noch mit Absicht. Keine Partei ist gezwungen, den ausgeprochenen "Fokussierungseinladungen" zu folgen oder die zugewiesene Täter- oder Opferposition einzunehmen. Die Bedeutung einer Botschaft bestimmt immer die EmpfängerIn, niemals der Sender (so bereits Watzlawick). Deshalb ist auch immer die EmpfängerIn selbst mit verantwortlich für die Bedeutung, die sie, auf ihre persönlichen Bezugssysteme zurückgreifend, der Botschaft gibt (vgl. oben S. 41).

Problemfokussierung, Lösungsfokussierung

Fokussierungseinladungen

Aus dieser Sicht können sowohl, wie weiter oben bereits ausgeführt (S. 49 f.), die individuellen Reaktionen auf die Konfliktwahrnehmung, wie die auf ihnen basierenden Muster der Konfliktbewältigung auf interaktionaler Ebene, als Anpassungsleistungen und als Lösungsversuche im Hinblick auf die als relevant angesehenen Regeln des Beziehungssystems einer Organisation angesehen werden. Wenn die Spielregeln des Systems, wie sie z.B. in der Unternehmenskultur und Führungsphilosophie eines Unternehmens zum Ausdruck kommen, entscheidungsfreudige, reaktionsschnelle und durchsetzungsfähige Führungskräfte verlangen, werden Konfliktlösungsmuster, die auf Machtpositionen und Machtanwendung basieren, mit hoher Wahrscheinlichkeit zum Zuge kommen.

Spielregeln des Systems

Art der Konfliktbewältigung als Teil des Problems/Konflikts

Oft werden bei dem Versuch der Konfliktlösung mehrere der genannten individuellen Reaktionsweisen und Strategien eingesetzt. Die Wahl der eigenen

Konflikte - Konfliktdynamik - Konfliktlösung in systemisch-konstruktivistischer Sichtweise

Strategie wird von der KonfliktpartnerIn abhängig gemacht bzw. von ihr mitgesteuert. Die Konfliktbeteiligten greifen, wie gezeigt werden konnte, nicht mehr auf das volle Potential ihrer Verhaltensmöglichkeiten zurück. Sie schaukeln sich wechselseitig "hoch" und in den Konflikt hinein.

Glost (1989:200-228) beschreibt einige Prozesse der Konfliktdynamik - verstanden als "wechselseitige Fokussierungseinladungen" - die sich in unseren Argumentationsablauf gut einordnen lassen, insofern sie sowohl zu einer Fokus*verengung* wie auch zur Konflikt*eskalation* führen:

Fokusverengung, Konflikteskalation

❏ Das Negative wird auf den anderen projiziert. Das erhöht wiederum die Selbstfrustration, weil man zu spontanen, negativen Reaktionen gegen den anderen neigt - worauf der andere wiederum negativ reagiert, usw..

Negativprojektion

❏ Immer neue Themen, Probleme, Einzelheiten werden in den Konflikt eingebracht. Das erhöht die Quantität und die Komplexität des Konfliktes. Gleichzeitig haben die Parteien die Tendenz, die Konfliktsituation jeweils aus ihrer subjektiven Sicht zu vereinfachen und dem anderen vorzuwerfen, daß er die Sache verdreht und übertreibt, etc..

Konfliktausweitung

❏ Subjektive Meinungen erhalten den Anspruch von allgemeingültiger Objektivität - wonach sich der andere gefälligst zu richten hat. Beide Seiten haben die Tendenz, die Zusammenhänge und Abhängigkeiten zu vereinfachen.

Vereinfachung

❏ Man versucht, dritte Personen oder Gruppen einzubeziehen. Sei es, indem man sogenannte ExpertInnen zitiert oder tatsächlich eine dritte Person als KoalitionspartnerIn zu Hilfe holt.

Verstärkung

❏ Man verstärkt schrittweise die Drohungen gegen den anderen in der Hoffnung, daß er nachgibt. Der andere tut aber dasselbe. Damit provoziert man sich gegenseitig und sieht auch jedesmal gleichzeitig die negativen Folgen des eigenen Handelns. Daher tendiert man bald dazu,

Drohgebärden

negative Handlungen des anderen zu antizipieren, bevor dieser jedoch überhaupt etwas Negatives denkt, sagt oder unternimmt" (zit. n. Czichos 1990:555). Watzlawick beschreibt diesen Mechanismus bekanntlich als "symmetrische Eskalation". Die Konfliktbeteiligten manipulieren sich gewissermaßen wechselseitig in eine Sackgasse hinein und wandern dabei die Konfliktspirale hinauf.

Konfliktspirale

Überwiegen Konfliktbewältigungsstrategien, basierend auf Macht und/oder Recht, so führen diese in vielen Fällen erst in den Konflikt hinein und nicht aus ihm heraus. Es kommt zu einer Eskalation, oder, sofern eine Partei sich in der unterlegenen, abhängigen Position befindet, auch zu einem Rückzug (innere Emigration, Motivationsverlust), zu Boykott (Widerstand, Streik) und Rache (Dienst nach Vorschrift, Fehlzeiten).

Rückzug, Boykott, Rache

Diese Kommunikationsfiguren nennt Watzlawik (1984) bekanntlich "Mehr desselben", - eine Strategie, bei der die Art der Konfliktlösung selbst Teil des Problems wird.

MANAGEMENT

Konflikte - Konfliktdynamik - Konfliktlösung in systemisch-konstruktivistischer Sichtweise

Welche Strategie der Konfliktbewältigung ist die "beste"?

Diese Frage läßt sich nicht absolut und generell, sondern nur unter Berücksichtigung des gesamten Konfliktkontextes beantworten. Mit anderen Worten: je nach Situation und Rahmenbedingungen ist eine Konfliktbewältigungsstrategie mehr oder weniger geeignet, bzw. verursacht mehr oder weniger "Kosten" und hat für die Konfliktbeteiligten einen mehr oder weniger großen "Nutzen". Dennoch müssen Lösungsstrategien natürlich nicht nur gefunden, sondern auch bewertet und gewichtet werden. Hilfreiche Kriterien für die Herausarbeitung einer Kosten-Nutzen-Analyse unterschiedlicher Konfliktlösungsstrategien formulieren Ury/Brett/Goldberg (1991:28 ff). Ihnen zufolge kann eine effektive Konfliktlösung gemessen werden an:

Kosten-Nutzen-Analyse

❏ den Transaktionskosten, die sie verursacht,

❏ der Zufriedenheit der Konfliktparteien mit den Ergebnissen,

❏ den Auswirkungen auf die zukünftigen Beziehungen der Konfliktparteien,

❏ der Beilegung oder Neuauflage des Konflikts.

Transaktionskosten

Verlust von Geld, Zeit, Prestige

Die Transaktionskosten einer Konfliktbewältigunsstrategie können z.B. umfassen: wirtschaftliche/materielle Verluste, Einbußen, eingesetzte, vergeudete Zeit, nervliche Belastungen, verpaßte Chancen, Prestigeverlust, verlorene Anerkennung und Wertschätzung.

Zufriedenheit mit den Ergebnissen

Faire Lösung

Zufrieden ist eine Konfliktpartei dann, wenn die vereinbarte Lösung zur Erfüllung ihrer Wünsche, Interessen beiträgt und/oder sie für gerecht und fair gehalten wird.

Beurteilungskriterien hierfür können sein: wieviel Gelegenheit, sich zur Sache zu äußern, hatten die Konfliktparteien? Konnten sie selbst über die Annahme oder Zurückweisung der Vereinbarung entscheiden? In welchem Umfang wurden sie in die Ausarbeitung der Konfliktlösung einbezogen?

Auswirkungen auf die zukünftigen Beziehungen

Kurz-, mittel- und langfristige Auswirkungen

Jede gewählte Konfliktlösungsstrategie ist ihrerseits wiederum eine Intervention in ein bestehendes Beziehungssystem und hat Auswirkungen darauf (vgl. oben S. 53 f.). Wichtig für die Qualität und Stabilität der künftigen Beziehungen ist es, möglichst klare Antworten auf folgende Fragen zu finden: was sind die kurz-, mittel- und langfristigen Auswirkungen der Konfliktlösung auf die betroffenen Personen und Parteien? Welche Auswirkungen auf die sonstigen Beziehungen in der Organisation sind gegeben? Beeinträchtigt die gewählte Konfliktlösungsstrategie die Bereitschaft der Parteien zu einer dauerhaften Kooperation?

Konflikte - Konfliktdynamik - Konfliktlösung in systemisch-konstruktivistischer Sichtweise

Beilegung oder Neuauflage des Konflikts

Zentral ist hier die Frage, ob das gewählte Vorgehen zu dauerhaften Lösungen führt. Für bestimmte Konfliktsituationen kann mitunter schnell und leicht eine Lösung gefunden werden, die jedoch nicht verhindert, daß derselbe Konflikt zwischen den Parteien wieder aufbricht.

Dauerhafte Lösungen

Alle vier Kriterien (Kosten, Zufriedenheit, Auswirkungen, Dauerhaftigkeit) stehen in einem wechselseitigen Zusammenhang. Die Unzufriedenheit mit einer Lösung wirkt sich auf die zukünftigen Beziehungen aus und kann zu einem Neuaufflammen des Konfliktes beitragen. Daher erscheint es sinnvoll, die Kosten eines Konfliktes durch einen Vergleich der vorgeschlagenen oder praktizierten Bewältigungsstrategien unter Bezugnahme auf alle vier Kriterien herauszuarbeiten. Die Frage nach dem "besten" Lösungsansatz mündet dann in die Frage nach einem unter den vier Gesichtspunkten "kostengünstigsten" Lösungsansatz.

Welche Strategie der Konfliktbewältigung ist die kostengünstigste?

Interessenausgleich vs. Recht und Macht

Ein Konflikt wird im allgemeinen effektiver bewältigt, wenn die Interessen der Beteiligten aufgegriffen und berücksichtigt werden und nicht formale Rechts- oder hierarchische Machtpositionen im Vordergrund stehen. Dadurch können am ehesten "win-win" Situationen für beide Seiten geschaffen werden, während die Ausrichtung an Rechts- oder Machtpositionen in der Regel wieder einen Verlierer hinterläßt. Ury/Brett/Goldberg (1991: 31/32) kommen zu folgender Schlußfolgerung: "Ein Interessenausgleich bringt ... im allgemeinen beiden Parteien ein höheres Maß an Zufriedenheit als die Bestimmung von Rechts- bzw. Machtpositionen. Die Zufriedenheit der Parteien wirkt sich langfristig positiv auf ihre Beziehung aus und verringert die Gefahr neuaufflammender Konflikte. ... Freilich kann das Ausgleichen von Interessen, insbesondere wenn viele Parteien an dem Konflikt beteiligt sind, viel Zeit in Anspruch nehmen. Im allgemeinen verblassen die Kosten jedoch angesichts der Transaktionskosten, die ein Kampf um Rechts- und Machtpositionen ... verursachen würde."

"win-win" Situationen

Recht gegen Macht

Konfliktlösungsstrategien, die darauf beruhen, zu ermitteln, "wer recht hat" bzw. "wer über mehr Macht verfügt", haben oft einschneidende negative Konsequenzen für die Beziehungen und die Beziehungssysteme. Die Feststellung von Rechts- bzw. Machtpositionen basiert häufig auf Kampf, der über Sieg und Niederlage entscheiden soll.

Negative Konsequenzen

Bei der Abwägung dieser beiden Strategien hinsichtlich ihrer Kosten ist allerdings die Rechtsposition im allgemeinen die bessere. Sich einer fairen Entscheidung auf der Basis akzeptierter Normen/Regelungen zu beugen, ist weniger verletzend als einer Drohung nachzugeben. Machtkämpfe führen "häufig zu neuen Verletzungen und neuen Konflikten, die Wut, Mißtrauen und den Wunsch nach Vergeltung zur Folge haben. Sie fügen einer Beziehung mehr Schaden zu und erhöhen im Vergleich zum Kampf um Rechtspo-

Machtkämpfe führen zu Verletzungen

MANAGEMENT

Konflikte - Konfliktdynamik - Konfliktlösung in systemisch-konstruktivistischer Sichtweise

sitionen die Gefahr neuaufflammender Konflikte." Grundsätzlich "ist daher ein an Recht orientierter Lösungsansatz kostengünstiger als ein an Macht orientierter". (Ury/Brett/Goldberg 1991: 33).

Von einem gestörten zu einem effektiven Konfliktlösungssystem

Gestörtes System: Macht / Recht / Interessen (umgekehrte Pyramide)
→ Effektives System: Macht / Recht / Interessen (Pyramide)

Quelle: Ury/Brett/Goldberg 1991:37

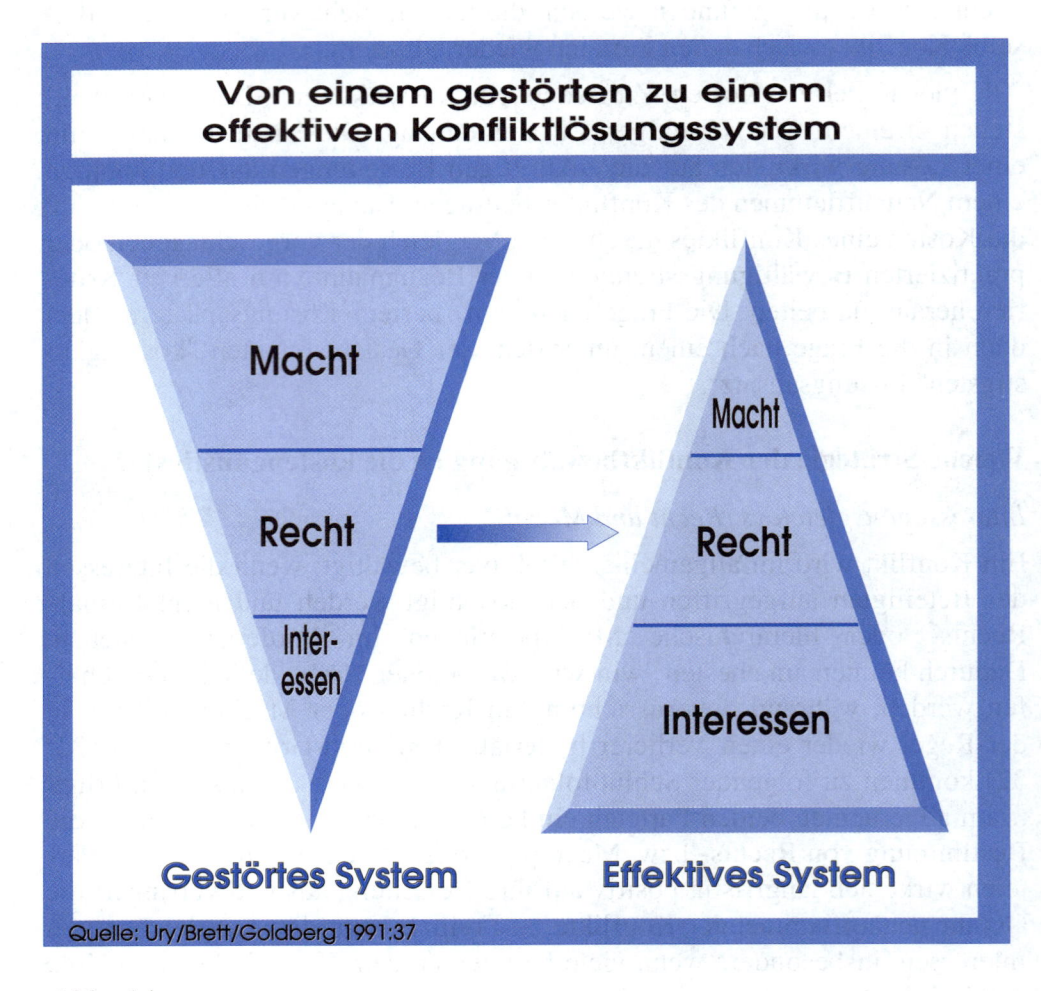

Abb. 14

Pseudolösungen, Durchwursteln, Aussitzen

Zeit- und Energiefresser

Sie sind keine wirklichen Konfliktlösungen, sondern vor allem Zeit- und Energiefresser, die den mangelnden Veränderungswillen mit ziel- und ergebnislosen Dauerdiskussionen kaschieren (vergl. S. 59). Konflikte werden dadurch nicht gelöst, allenfalls vertagt, meistens sogar verschärft, weil sie die Arbeitsabläufe noch weiter ineffektivieren und die MitarbeiterInnen demotivieren. Häufig deuten derartige Verhaltens- und Verfahrensweisen der Organisationsmitglieder auf sog. "kalte Konflikte" hin (vergl. S. 34), die unterschwellig vorhanden sind und im Falle einer machtorientierten Konfliktlösung aufbrechen und in einen "heißen" Konflikt umschlagen würden. Deswegen werden die Pseudolösungen im konkreten betrieblichen Alltag den machtorientierten Strategien, aber auch anderen ziel- und ergebnisorientierten Lösungsstrategien häufig vorgezogen.

Konflikte - Konfliktdynamik - Konfliktlösung in systemisch-konstruktivistischer Sichtweise

Genügt eine am Interessenausgleich orientierte Lösungsstrategie?

Die kurze Antwort lautet: "Nein!" Ein Interessenausgleich ist zwar im allgemeinen mit geringeren Kosten verbunden als ein Rechtsstreit und dieser wiederum kostengünstiger als eine auf Machdurchsetzung beruhende Strategie. Aber es ist eine allzu naive Illusion zu glauben, alle Konflikte ließen sich durch einen konsensfähigen Interessenausgleich beheben.

Naive Illusion

In vielen Fällen - gerade bei verhärteten Konflikten, verfeindeten, zerstrittenen Parteien - erfordert eine auf Interessenausgleich zielende Verhandlungsstrategie eine vorausgehende, gründliche Klärung von Rechts-und Machtpositionen. Mit Blick auf die gültige Rechtslage und die realen Machtverhältnisse kann es dann gelingen, eine widerwillige Streitpartei an den Verhandlungstisch zu holen, wie in den wiederkehrenden Tarifverhandlungen zwischen Gewerkschaften und Arbeitgebern mit ihren wechselseitigen Drohpotentialen von Streik und Aussperrung immer wieder beobachtet werden kann.

Tarifverhandlungen, Streik, Aussperrung

In anderen Konfliktsituationen (z.B. im Streit um die Reform des § 218) ist ein Interessenausgleich kaum denkbar, weil die widerstreitenden Parteien unterschiedlicher Auffassung in Grundsatzfragen und in der Auslegung von Rechtspositionen sind. In wieder anderen Streitfällen können die Interessen so gegensätzlich sein, daß eine Einigung nicht möglich ist. Gerade die von der katholischen Kirche vertretenen Grundsatzpositionen in Fragen der Ehe, Scheidung, Schutz des ungeborenen Lebens, Geburtenkontrolle etc. können allem Anschein nach gegenwärtig weder durch einen Interessenausgleich, noch durch eine klare Rechtsprechung und immer weniger auch durch das päpstliche Machtwort ("Roma locuta, causa finita") entschieden werden.

Grundsatzpositionen erschweren Interessenausgleich

Wann sind Rechts- und Machtstrategien einer Interessenausgleichsstrategie vorzuziehen?

Im allgemeinen ist es zwar weniger kostspielig, Interessen auszugleichen als Rechts- bzw. Machtpositionen zu ermitteln. Streitfälle von öffentlichem Interesse können aber häufig nur durch Rechtsspruch, die Weiterentwicklung des Rechts und des Rechtsverständnisses, durch neue Normen in der Rechtsgebung etc. verbindlich entschieden werden. Als Beispiele hierfür seien aus der Fülle regelungsbedürftiger Tatbestände und mangels geeigneter Lösungsverfahren immer wieder vertagte Problembereiche genannt: Arbeitslosigkeit und Überstunden, Leichtlohngruppen, Arbeitszeitverkürzungen, Arbeitszeitflexibilisierung, Mobbing, Gleichstellung der Frau in Beruf und Gesellschaft, Reform § 218, Kindergartenplatzgarantie, Asylproblematik, multikulturelle Gesellschaft, Vergewaltigung in der Ehe, Frühberentung, Bildungsurlaub, Betriebliche Sanierung, Volkswirtschaftliche Kosten der Sanierung in den neuen Bundesländern, Pflegekosten, Gesundheitskosten, Diskussion um Umbau und/oder Abbau des Sozialstaates, Finanzreform, Steuerreform, großer Lauschangriff, Kampf gegen Wirtschaftskriminalität, Finanzierung und Zuständigkeit für Forschung und Entwicklung, Gentechnologie, Ausstieg aus der Atomenergie etc.etc.

Weiterentwicklung des Rechts

MANAGEMENT

Konflikte - Konfliktdynamik - Konfliktlösung in systemisch-konstruktivistischer Sichtweise

Neue Rechtsnormen

In allen diesen Fällen sind die Streitgegenstände hochkomplex und umfassen mehrere Regelungsebenen. Oft müssen die tradierten Rechtspositionen überdacht und zu neuen Rechtsnormen weiterentwickelt werden. Die Interessen einflußreicher gesellschaftlicher Gruppen, wie z.B. der Frauen, stoßen an die Grenzen etablierten Rechts. Machtkämpfe, werden in offener und verdeckter Form allenthalben ausgetragen. In den Familien, in den Schulen, Betrieben und öffentlichen Einrichtungen wie Kirchen, Fernsehanstalten, geht es um einen neuen Interessenausgleich, der mit den gewohnten Methoden der Konfliktlösung immer weniger hergestellt werden kann und nach neuen Formen in der öffentlichen Auseinandersetzung drängt.

Konfliktmanagement in Organisationen: ein am Interessenausgleich orientiertes Konfliktbewältigungssystem?

"Gestörtes" Konfliktlösungssystem

Uns interessieren allerdings weniger die genannten gesellschaftlichen Großkonflikte als vielmehr die Konflikte in Organisationen, Einrichtungen und Unternehmen. Viele von ihnen sind zur konstruktiven Bearbeitung und Lösung ihrer internen und externen Konflikte kaum noch in der Lage - mit schwindender Tendenz. Nach wie vor werden unzureichende und unangemessene Verfahren zu Konfliktlösungen herangezogen oder man läßt die Dinge schleifen, "wurstelt sich durch" bzw. sitzt die Probleme aus. Ury/Brett/Goldberg sprechen in diesen Fällen von einem "gestörten" Konfliktlösungssystem (vgl. S. 66).

Kontextunangemessen, nicht (mehr) zieldienlich

Aber was heißt in diesem Zusammenhang "gestört"? Keine Konfliktlösungsstrategie ist per se "gestört" bzw. "schlecht" oder "gut". Wir haben schon darauf hingewiesen (S. 64). Eine Strategie kann immer nur nützlich/angemessen oder nicht nützlich/unangemessen im Hinblick auf die verfolgten Ziele und den jeweiligen Kontext/Situation sein. Wir halten es daher für passender, Konfliktlösungssysteme als *kontextunangemessen* bzw. als *nicht (mehr) zieldienlich* zu bezeichnen.

Wer ist der 'Boß'

Warum? Nehmen wir einmal an, Sie wären eine Führungskraft auf mittlerer Ebene und wissen oder vermuten, daß ihr Vorgesetzter viel von einem "durchsetzungsfähigen" Mann bzw. einer "führungsstarken" Frau hält. Außerdem haben Sie ein ausdrückliches Interesse, in dem Unternehmen

Machtkompetenz als Vorgesetzte

noch weitere Stufen auf der Karriereleiter zu erklimmen. Werden Sie dann als AbteilungsleiterIn oder TeamleiterIn in Konfliktsituationen Probleme damit haben, Ihren MitarbeiterInnen/Teammitgliedern deutlich zu machen, wer in dem Laden "der Boß" ist? Würden Sie wirklich auf machtorientierte Strategien verzichten, nur weil diese - unter moralisch-ethischen Aspekten - zu den "gestörten" Konfliktlösungsstrategien zählen? Wäre es nicht geradezu "widersinnig", unangemessen und dysfunktional, wenn Sie in diesem Betrieb in einer derartigen Situation nicht auf ihre Machtkompetenz als Vorgesetzte bei der Lösung von Teamkonflikten zurückgreifen würden? Erscheinen nicht bei solchen Organisationsstrukturen die auf Macht und Recht basierenden Konfliktlösungssysteme als durchaus angemessen und funktional?

Konfliktmanagement sollte sich vor einseitigen, eindimensionalen ideologischen Festlegungen und Wertungen hüten. Es kommt immer auf den gegebenen Kontext an - dies vor allem scheint uns wichtig.

Konflikte - Konfliktdynamik - Konfliktlösung in systemisch-konstruktivistischer Sichtweise

Die hierarchisch, patriarchal und bürokratisch ausgeübte "Funktionalität" wird allerdings - und auch dies muß gesehen, gesagt und in Rechnung gestellt werden - in einem voranschreitenden Prozeß von zwei Seiten her in Frage gestellt: von Seiten der Organisation und durch die in ihr arbeitenden Menschen.

Von Seiten der Organisation:

Insofern reaktive oder auch aktive Anpassungen an veränderte Umfeldanforderungen (KundInnen, KlientInnen, Märkte, Wettbewerb) immer notwendiger werden und Anpassungsprozesse erforderlich machen (z.B. in Form von Organisationsentwicklung, Unternehmensentwicklung). Immer mehr sind Einrichtungen und Unternehmen auf kreative, mitdenkende und mitgestaltende MitarbeiterInnen angewiesen. Solches Engagement läßt sich nicht "verordnen", es muß entwickelt und gepflegt werden. Versuche, die Unternehmensinteressen gewissermaßen "von oben" mit der "Brechstange" durchzusetzen, führen gewöhnlich in eine Sackgasse. MitarbeiterInnen haben eigene Erfahrungen, eigene Ziele und Wertvorstellungen (Baethge 1991). Diese lassen sich weder auf die Marktinteressen, noch auf die Sachprobleme oder Sozialziele des Unternehmens (im innerbetrieblichen Umgang miteinander) reduzieren. MitarbeiterInnen sind keine beliebige, kopf- und emotionslose Manövriermasse. Sie sind keine hardware, der man nur noch die richtige software reinschieben muß, um sie in erwünschter Weise zum Laufen zu bringen. Es ist eine Illusion, zu glauben, daß Veränderungen über ihre Köpfe hinweg möglich wären, daß ihnen Lernprozesse diktiert, verordnet werden könnten. MitarbeiterInnen und selbstverständlich auch Führungskräfte müssen für Veränderungen gewonnen und vor allem aktiv in ihre Planung und Realisierung einbezogen werden.

Engagement läßt sich nicht "verordnen"

Lernprozesse nicht diktieren

Unter diesen Bedingungen sind viele überkommene, ausschließlich auf Macht und Recht beruhende Konfliktlösungsstrategien häufig dysfunktional und einem den beschriebenen Veränderungen unterworfenen organisatorischen Kontext unangemessen.

Von Seiten der Menschen in der Organisation:

Sozialer Wandel, Pluralisierung und Individualisierung haben in den zurückliegenden Jahren weniger zu dem von konservativer Seite oft beklagten "Werteverlust" geführt, sondern vor allem zu einem "Wertewandel". Die Ansprüche an Arbeit und Beruf haben sich verändert. Dies hat Konsequenzen für alle Organisationen und Unternehmen, in denen berufliche Arbeit geleistet wird. Berufliche Arbeit und Leistung werden heute nicht mehr automatisch aufgrund von traditionell überliefertem bzw. anerzogenem Pflichtbewußtsein erbracht. Zwar spielt Leistung nach wie vor für die meisten Menschen eine große Rolle. Im Unterschied zu früher ist sie jedoch stärker mit dem Anspruch auf Selbstverwirklichung, mit Spaß am Produktiven verbunden. Arbeit und Leistung im Beruf werden mehr und mehr durch Selbstentfaltungsmotive, Selbständigkeit und Selbstverantwortlichkeit für die eigene Tätigkeit gesteuert. Diese Ansprüche sind heute nicht mehr nur auf

Werteverlust, Wertewandel

Anspruch auf Selbstverwirklichung, Selbständigkeit und Selbstverantwortlichkeit

MANAGEMENT

Konflikte - Konfliktdynamik - Konfliktlösung in systemisch-konstruktivistischer Sichtweise

Angestellte oder qualifizierte FacharbeiterInnen beschränkt. Sie werden zunehmend auch von Un- und Angelernten vertreten. Und sie gelten gleichermaßen für Männer wie für Frauen (Baethge 1991).

Für die Einbindung derart gewandelter persönlicher, berufs- und arbeitsbezogener Interessen stellen sich in den Betrieben neue Aufgaben und Probleme hinsichtlich einer besseren Kommunikation und Abstimmung der individuellen Interessen der MitarbeiterInnen untereinander und mit den unternehmensspezifischen Aufgaben, bzw. den vielfältigen Organisations-und Einrichtungszielen.

Eigeninteressen, unsachliche Konflikte, Konkurrenzdenken

"Wenn man bedenkt, wie stark heute Organisationen von schlechter Zusammenarbeit, Eigeninteressen, unsachlichen Konflikten und Konkurrenzdenken gebremst werden, läßt sich leicht ermessen, wie erfolgreich diese Unternehmen sein könnten, wenn man all die negativen Einflußfaktoren ausschalten könnte" (Brommer 1994:152). Man muß diesen Optimismus nicht teilen. Aber gehen wir einmal davon aus, daß Sie als TeamkollegIn oder Vorgesetzte im Konfliktfall

- ein Interesse daran haben, die andere Partei versöhnlich zu stimmen, weil sie mit ihr auch weiterhin kooperieren möchten, bzw. auf ihre Kooperation und Kooperationsbereitschaft angewiesen sind;

- in dieser Situation infolgedessen die Absicht und den Willen haben, mit der Gegenseite zu einer Einigung oder zumindest zu einem für beide Seiten tragbaren Kompromiß zu kommen.

Empfiehlt es sich dann nicht, zumindest darüber nachzudenken, welche Strategie der Konfliktlösung wohl geeigneter ist als eine auf formalen Rechtspositionen und hierarchischer Autorität beruhende Machtstrategie?

Schlußfolgerung

Interessenklärungen und -abstimmungen werden immer wichtiger

Halten wir deshalb fest: Interessenklärungen und -abstimmungen zwischen Einzelnen, in und zwischen Gruppen, Teams und Organisationen werden immer wichtiger. Dasselbe gilt für die Entwicklung und Einführung von Rahmenbedingungen, Prozeduren und Regelungsverfahren zur Herstellung des Interessenkonses. Einige Unternehmen haben in den zurückliegenden Jahren diese Herausforderungen wahrgenommen und aufgegriffen. Hier hat man erkannt: "Konflikte sind unvermeidlich, wenn Menschen mit unterschiedlichen Interessen regelmäßig miteinander zu tun haben. Diese konkurrierenden Interessen kollidieren von Zeit zu Zeit und erzeugen Konflikte.

Konflikte können konstruktiv sein

Doch diese Konflikte können durchaus konstruktiv sein, wenn die Parteien ihre unterschiedlichen Interessen vorbringen, miteinander verhandeln, eine Einigung erzielen, die ihre Grundbedürfnisse (wenn nicht sogar ihre Wünsche) befriedigt und sie auch in anderen Bereichen zusammenarbeiten läßt. Diese Umgangsweise kann Menschen und Organisationen helfen zu wachsen und sich zu verändern" (Ury/Brett/Goldberg 1991:10).

Interessenausgleich ist kostengünstiger

Bei Konflikten in Organisationen, Einrichtungen, Unternehmen - ob auf gleicher Hierarchieebene, zwischen KollegInnen, in Teams, Gruppen, Abteilungen oder über Hierarchieebenen hinweg, zwischen Vorgesetzten und

Konflikte - Konfliktdynamik - Konfliktlösung in systemisch-konstruktivistischer Sichtweise

MitarbeiterInnen - um die es in diesem Band vor allem geht, sind am Interessenausgleich ausgerichtete Konfliktbewältigungsstrategien nicht nur kostengünstiger sondern auch zieldienlicher. Solche Verfahren führen in der Regel zu produktiveren, befriedigenderen, dauerhafteren Ergebnissen als die üblicherweise angewandten Konfliktlösungen auf der Basis von Rechtsgerangel, Macht, einer "muddling through" - Strategie, dem Aussitzen von Konflikten oder auch dem Zurechtbasteln unverbindlicher Problemlösungen, an denen nach kurzer Zeit schon wieder weitergeflickt und -gestrickt werden muß.

7 Untersuchung und Optimierung von Konfliktlösungen

Angenommen, Sie möchten Konflikte zwischen Einzelpersonen oder Konflikte zwischen Teams, in einer Abteilung, einer Einrichtung oder gar zwischen den RepräsentantInnen eines Unternehmens und ihren externen PartnerInnen zukünftig effektiver lösen, so setzt dies eine Bestandsaufnahme und Untersuchung des bestehenden Konfliktlösungssystems voraus. Aus einer solchen Untersuchung und der Reflexion ihrer Ergebnisse aus Sicht der betroffenen Personen/Parteien lassen sich wichtige Hinweise für die Entwicklung effektiverer Vorgehensweisen bei der Konfliktlösung, aber auch Hinweise auf vorhandene Hindernisse ableiten, die es zu berücksichtigen gilt.

Orientierungsmodell für Konfliktlösungen

Das nachfolgend dargestellte Orientierungsmodell für Konfliktlösungen kann Ihnen behilflich sein

❏ bei der Untersuchung eines bestehenden und

❏ der Entwicklung/Konstruktion eines effektiveren, kostengünstigeren Konfliktlösungssystems.

Wir stützen uns im folgenden auf das von Ury/Brett/Goldberg (1991) in seinen Grundstrukturen entwickelte Orientierungsmodell, das wir für unsere Zwecke an verschiedenen Stellen modifizieren, ausbauen und konkretisieren.

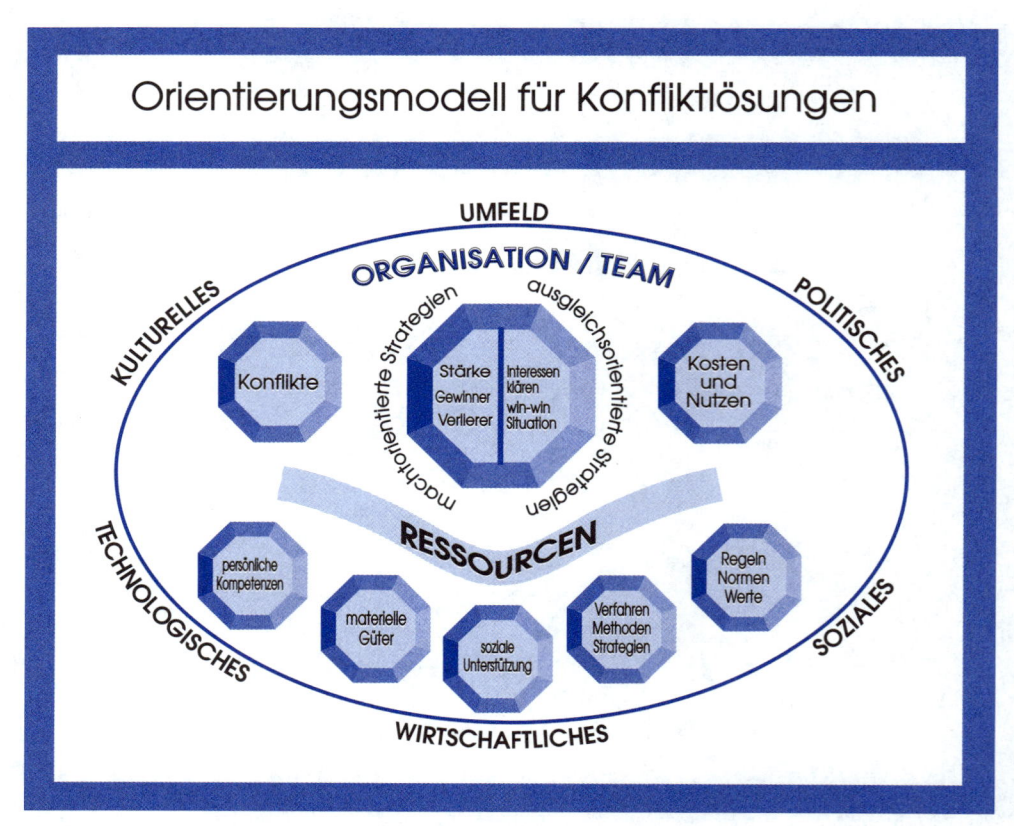

Abb. 15 (vgl. Ury/Brett/Goldberg 1991:40)

Untersuchung und Optimierung von Konfliktlösungen   MANAGEMENT

Worin liegt der Nutzen eines Orientierungsmodells? Es kann Ihnen helfen,

- die Aufmerksamkeit auf zentrale Bereiche und Dimensionen von Konflikten zu richten;
- Zusammenhänge und "Muster" von Konfliktabläufen herauszuarbeiten;
- die Informationsflut zu ordnen und zu strukturieren;
- Komplexität zu reduzieren, den Überblick und Handlungsfähigkeit zubewahren.

Muster herausarbeiten

Informationsflut ordnen

Komplexität reduzieren

Im Zentrum des Modells stehen die typischen Muster der Konfliktbewältigung, auf welche die Konfliktparteien in charakteristischen Konfliktfällen zurückgreifen. Diesen Bewältigungsstrategien (inputs) korrespondiert jeweils ein bestimmbarer Kosten/Nutzen-Faktor (output). Er läßt sich anhand der weiter oben bereits beschriebenen Kriterien ermitteln (vgl. S. 64 f.).

Kosten/Nutzen ermitteln

- Transaktionskosten
- Zufriedenheit der Konfliktparteien mit den Ergebnissen
- beziehungsgestaltende Auswirkungen der gewählten Konfliktstrategien
- Häufigkeit, mit der alte Konflikte wieder neu aufflammen.

Die angewandten Strategien der Konfliktbewältigung werden ihrerseits beeinflußt durch die zur Verfügung stehenden und in Anspruch genommenen Ressourcen:

Strategien, Ressourcen

- *persönliche Ressourcen*: Motivation, Wissen, Fähigkeiten der Konfliktbeteiligten;
- *materielle Ressourcen*: Budget, Sachmittel, Zeit;
- *soziale Ressourcen*: Unterstützung durch andere Personen;
- *methodische Ressourcen*: verfügbare, vom Konsens getragene Verfahren/Strategien;
- *kulturelle Ressourcen*: akzeptierte Normen und Regeln der Organisationskultur.

Das Konfliktlösungssystem ist eingebettet in den umfassenderen Kontext einer Organisation und wird von diesem beeinflußt. Die Organisation unterliegt ihrerseits wiederum Einflüssen ihres sozialen, wirtschaftlichen, technologischen und kulturellen Umfeldes.

Untersuchung eines Konfliktlösungssystems

Den genannten Bereichen des Orientierungsmodells lassen sich in einem ersten Schritt Beschreibungsdimensionen zuordnen, die mögliche Suchrichtungen für die Klärung eines Konfliktkontextes und für die Entwicklung von Lösungsvisionen und -schritten aufweisen:

Suchrichtungen, Lösungsvisionen

MANAGEMENT

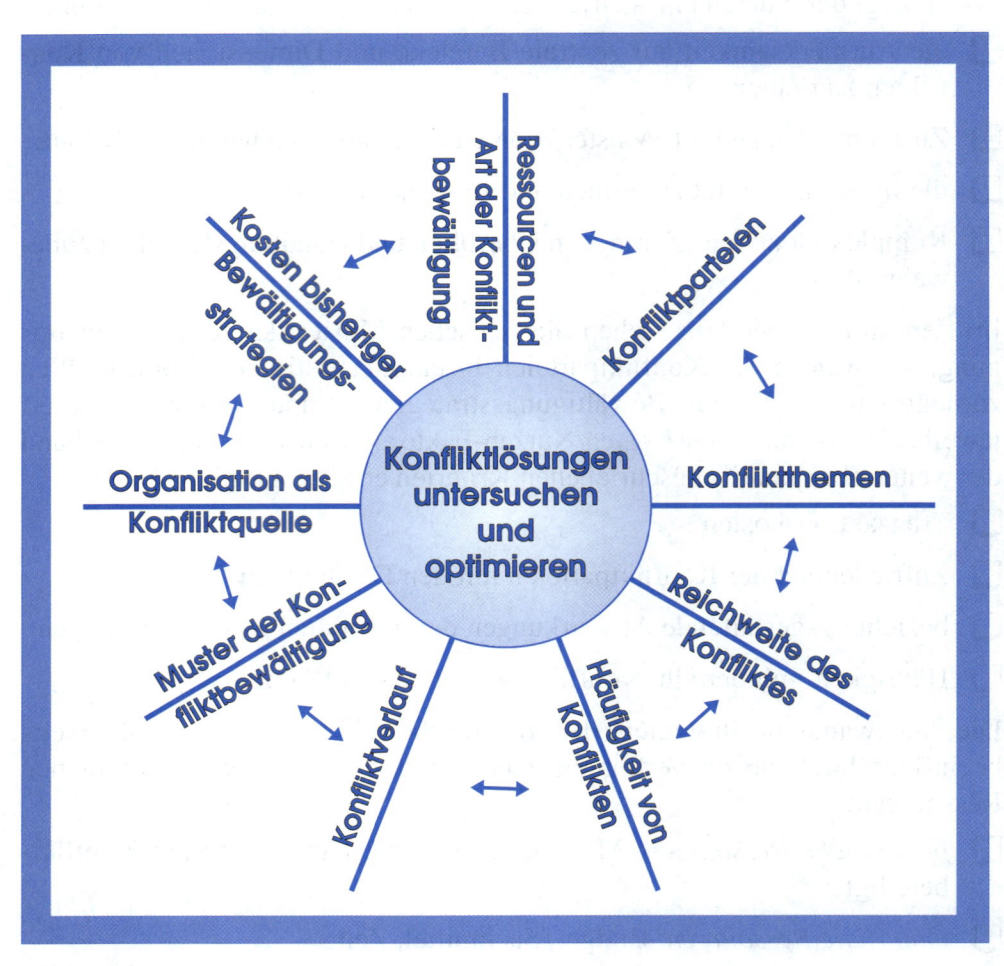

Untersuchung und Optimierung von Konfliktlösungen

Abb. 16

Konflikt-Gewebe,
Lösungs-Gewebe

Bitte beachten Sie!

☐ Nicht alle Dimensionen sind in einem Konfliktfall von gleicher Bedeutung. Wie pauschal oder wie differenziert die Beschreibung/Klärung erfolgen soll, hängt von der konkreten Situation ab (vgl. Glasl 1990:152). Wichtig ist nicht nur die Beschreibung/Klärung einzelner Aspekte. Vielmehr geht es darum, Zusammenhänge und "Muster", mit anderen Worten, das "Konflikt-Gewebe" und ein "Lösungs-Gewebe" herauszuarbeiten.

Zirkuläre Wechselwirkung

☐ Nicht immer muß das ganze "Muster" verstanden und bearbeitet werden. Es reicht aus, wenn ein oder mehrere Elemente angegangen werden. Diesem Vorgehen liegt die systemische Annahme zugrunde, daß eine interdependente (zirkuläre) Wechselwirkung der Elemente auf allen Ebenen besteht und somit indirekt alle Musterbestandteile erfaßt werden und ihre Wechselwirkungsorganisation sich verändert.

Checklisten

☐ Wir haben den einzelnen Dimensionen "Checklisten" zugeordnet, in denen konkretere Suchrichtungen angegeben werden. Diese Checklisten enthalten im wesentlichen zirkuläre Fragen (vgl. Tomm 1994). Im Unter-

Untersuchung und Optimierung von Konfliktlösungen — MANAGEMENT

schied zu linearen Fragen sind sie besonders gut geeignet, Wirkungszusammenhänge zu erfassen und zu klären.

☐ Außerdem werden Sie feststellen, daß viele Fragen auf die Herausarbeitung von Unterschieden - mehr/weniger, besser/schlechter, stärker/schwächer -zielen. Dieses Vorgehen dient dazu, das im Ablauf des Konfliktgeschehens zunehmend enger gewordene Spektrum der Wahrnehmungs-, Denk-, Fühlens- und Verhaltensmöglichkeiten der Konfliktbeteiligten wieder zu erweitern und zu flexibilisieren. Damit können vorhandene, aber nicht mehr wahrgenommene und genutzte Ressourcen für alternative Möglichkeiten der Konfliktlösung wieder verdeutlicht und ins Blickfeld gerückt werden.

Wahrnehmungs- und Verhaltensmöglichkeiten erweitern

Die Frage nach den Unterschieden ist daher vor allem für die Entwicklung von Lösungsalternativen und Lösungsschritten sehr nützlich (vgl. Tomm 1994).

Checkliste 1: Konfliktparteien/Schlüsselpersonen

Wer sind die Konfliktparteien?

– Sind es einzelne Personen?

– Sind es Mitglieder einer Gruppe bzw. eines Teams?

– Besteht der Konflikt zwischen einzelnen oder den Mitgliedern zweier Teams?

– Liegen zwei Abteilungen miteinander im Konflikt?

– Geht es um den Konflikt zwischen einer Einrichtung und ihrem Trägerverein?

– Geht es um den Konflikt zwischen einem Unternehmen und seinen Kunden?

Wer sind die Schlüsselpersonen der Konfliktparteien?

– Gibt es Personen, die im Konfliktgeschehen eine zentrale Rolle einnehmen?

– Welche Personen stehen eher am Rande?

– Welche Position nehmen Schlüsselpersonen ein? Wie steht es um ihren Einfluß?

Wie ist das Verhältnis innerhalb und zwischen den Konfliktparteien?

– Sind die Konfliktparteien streng voneinander abgegrenzt?

– Ist die Zugehörigkeit der Konfliktparteien eindeutig oder gibt es Überlappungen?

– Werden Personen bedroht, die sich nicht ausschließlich zu einer Gruppe bekennen?

Konfliktparteien

Schlüsselpersonen

Verhältnis zwischen den Konfliktparteien

MANAGEMENT
Untersuchung und Optimierung von Konfliktlösungen

- Wie verhält man sich gegenüber indifferenten Personen?
- Welchen inneren Zusammenhalt weisen die Parteien auf?
- Wird Druck ausgeübt? Von wem, auf wen, in welchen Situationen?
- Was für Auswirkungen hat das für die Betroffenen, welche Wirkungen auf die anderen?

Abb. 17

Hinweis

⇨ Aus den Antworten wird für die beratende Partei erkennbar, welche der Konfliktparteien sich als AuftraggeberIn/KundIn, wer sich als "AnklägerIn", wer als "ProblemträgerIn" sieht bzw. gesehen wird, und wer eher die Position einer Unbeteiligten einnimmt? Dies läßt Vermutungen darüber zu, wer von den Beteiligten am ehesten und in welcher Weise an Veränderungen interessiert ist, wer am wenigsten.

Konfliktthemen

Checkliste 2: Konfliktthemen

- Was sind die zentralen Konfliktthemen, Konfliktinhalte und -gegenstände (Issues)?
- Welche Issues bringen die unterschiedlichen Parteien/Beteiligten vor?
- Welche Konfliktpartei definiert was als Problem/Konflikt (bzw. als Ist-Soll-Diskrepanz)?
- Welche Issues sind mit den Parteien verknüpft? Gibt es Unterschiede/Überschneidungen?
- Wo liegen die Übereinstimmungen/Abweichungen? Wer stimmt überein/weicht ab?
- Sind die Issues miteinander verknüpft? Wie konkret/abstrakt sind sie?
- Welche Issues haben für welche Parteien starke/weniger starke/keine Bedeutung?
- Wie sind die Issues in der Wahrnehmung mit dem Verhalten der Parteien verknüpft?
- Wie stark sind die Parteien mit den Issues identifiziert ("centrality of the issue")?
- Wer sieht Alternativen bzw. läßt welche zu/wer nicht?
- Wie weit kennen die Beteiligten die Issues der Gegenseite?
- Wie wird der Konflikt (bzw. eine Lösung) jeweils etikettiert?
- Wo sehen die Beteiligten die Ursachen für den Konflikt?
- Gibt es unterschiedliche Sichtweisen, Überschneidungen?

Issues, Ursachen und Sichtweisen

Untersuchung und Optimierung von Konfliktlösungen — MANAGEMENT

> – Welche Schlußfolgerungen ziehen die Beteiligten aus ihrer Sicht der Ursachen?
>
> – Welche Veränderungsschritte halten sie für notwendig?
>
> – Welche Erwartungen haben die Parteien aneinander, gegebenenfalls an eine Drittpartei?

Schlußfolgerungen

Abb. 18

Hinweise

⇨ Die Konfliktthemen (Issues) informieren über den Inhalt des Konfliktes: z.B. rechtliche Fragen, Arbeitsverfahren, Dienstpläne, das "unmögliche" Verhalten eines Kollegen. Aus systemisch konstruktivistischer Sicht sind sie eher von sekundärer Bedeutung. Im Bild eines aus dem Wasser herausragenden Eisberges gesprochen: Issues befinden sich auf der Wasseroberfläche. Darunter verborgen bleiben meist die unausgesprochenen Ängste, wahrgenommene Bedrohungen eigener Interessen und Ziele, Bedürfniserfüllungen. Wie bereits gezeigt, veranlaßt gerade dies die starke emotionale Beteiligung der Konfliktparteien.

Konfliktthemen (Issues)

⇨ Die Frage nach den Konfliktthemen gibt daher für die BeraterIn - vor allem zu Beginn der Orientierungsphase - wichtige Anknüpfungspunkte. Es ist das, was Beteiligte spontan oder auf Nachfrage zu allererst äußern. Sind die Konflikte sehr stark mit Gefühlen verbunden bzw. durch Gefühle geprägt, sollte es den Beteiligten ermöglicht werden, ihren Gefühlen Ausdruck zu verleihen (Ury/Brett/Goldberg 1991:44). "Es" drängt die Beteiligten darüber zu sprechen. Diesem Bedürfnis sollte die BeraterIn entsprechen (Pacing), wenn sie eine gute Arbeitsbeziehung, geprägt von wechselseitiger Akzeptanz und Vertrauen aufbauen möchte.

Konflikt und Gefühle

⇨ Außerdem lassen sich durch eine Herausarbeitung der Streitgegenstände, der dafür gegebenen Erklärungen, der beschriebenen Ursachen usw., Zusammenhänge und Muster, Unterschiede und Gemeinsamkeiten in der Wahrnehmung und Einschätzung der Beteiligten sichtbar machen. Dies wiederum gibt Hinweise für anzustrebende Veränderungen.

Streitgegenstände, Streitmuster

⇨ Bitte achten Sie darauf: Konfliktthemen, Streitgegenstände sollten in kleine, konkrete und überprüfbare Issues aufgelöst werden. Lassen Sie die Konfliktthemen gegebenenfalls an konkreten Beispielen und Situationsschilderungen erläutern.

Absteckung des Konfliktrahmens: Mikro-, Meso- und Makro-Konflikte

Ein Konfliktlösungssystem kann lokalisiert sein auf oder zwischen unterschiedlichen Ebenen der Konfliktaustragung:

– zwischen einzelnen Personen (z.B. Vorgesetzte-MitarbeiterIn, KollegIn-KollegIn)

– Team/Gruppe

Reichweite des Konflikts

MANAGEMENT
Untersuchung und Optimierung von Konfliktlösungen

> - Abteilung
> - Organisation
> - Organisation - Umfeld (z.B. vorgesetzte Behörde, Trägerverein, Kunde, Gesetzgeber).
>
> Es kann auch mehrere Ebenen umfassen. Von daher ist zu fragen:
>
> - Ist der Konflikt auf einen kleinen Bereich beschränkt?
> - Welche, wieviele Beteiligte, welche, wieviele Ebenen sind in den Konflikt einbezogen?

Konfliktebenen

Abb. 19

Hinweise

Aus den Antworten auf die Fragen nach dem "Was", den Streitgegenständen und den Konfliktparteien, läßt sich ohne große Interpretation der Konfliktrahmen abstecken.

Je weiter der Konfliktrahmen, desto komplexer das Konfliktgewebe

"Und es ist relativ einfach, darauf zu achten, wer Issues artikuliert und in den Konflikt einbringt, ob das durch die Konfliktparteien direkt oder über 'Sprecher', 'Repräsentanten' oder andere Mittelspersonen geschieht. Es läßt sich dann die Frage beantworten, welchem Rahmen die Konfliktparteien dabei angehören. Spricht man im eigenen Namen oder als Vertreter eines Kollektivs?" (Glasl 1990:61). Je weiter der Konfliktrahmen ist, desto komplexer sind die Verhältnisse, desto komplexer das "Konfliktgewebe".

Einzelperson, kleine Gruppen

⇨ ad. Konflikte im mikro-sozialen Rahmen
Mikrosoziale Konflikte sind solche zwischen Einzelpersonen (z.B. KollegInnen, Vorgesetzter - MitarbeiterIn) und/oder innerhalb von kleinen Gruppen. Charakteristisch sind sog. face-to-face-Interaktionen, jeder kennt jeden persönlich. Das Beziehungsgefüge ist für jeden einigermaßen überschaubar, die Beziehungen sind direkt (Glasl 1990:62).

Organisationen mittlerer Größenordnung

⇨ ad. Konflikte im meso-sozialen Rahmen
Meso-soziale Konflikte sind Konflikte innerhalb einer Organisation, zwischen Gruppen und größeren organisatorischen Sub-Einheiten, z.B. auch zwischen zwei Abteilungen. Organisationen, als Beziehungssysteme mittlerer Größenordnung, bauen sich aus mikro-sozialen Einheiten auf. Je größer eine Organisation, desto geringer sind die direkten Beziehungen zwischen ihren mikro-sozialen Einheiten. Die Kommunikation läuft meist über Mittelspersonen als ExponentInnen eines Teams oder einer Abteilung. Zu der Komplexität der Beziehungen im Subsystem (Team, Abteilung) kommt die weniger persönliche Zwischengruppenbeziehung als eine weitere Komplexitätsebene dazu. "Die Intra- und die Interkommunikation kann unter sehr unterschiedlichen Bedingungen, Umständen und Formen erfolgen und für die beteiligten Personen zusätzliche Spannungen bewirken" (Glasl 1990: 62). "Die Beziehungen von Exponenten, die direkten Interessen der Exponenten sowie ihre Position und Ambitionen können die Konfliktdynamik weitgehend prägen und sogar die direkten Konflikte der kollektiven Gebilde überlagern

Untersuchung und Optimierung von Konfliktlösungen   MANAGEMENT

und in den Schatten stellen" (ebd: 63). Hinzu kommt, daß bei meso-sozialen Konflikten die Organisation mit ihren eigenen Zielen, Aufgaben, Strukturen und Prozeduren sich in den Vordergrund schiebt und das persönliche Verhalten, Denken und Fühlen mit beeinflußt oder überformt. D.h. die Organisation als Konfliktquelle tritt bei meso-sozialen Konflikten deutlicher in den Vordergrund als bei mikro-sozialen.

⇨ ad. Konflikte im makro-sozialen Rahmen
sind meist lokalisiert innerhalb von oder zwischen Bevölkerungsgruppen oder Interessengruppen mit gesamtgesellschaftlichem Status (Glasl 1990:69). Oft sind es Konflikte zwischen der Organisation und ihrem Umfeld, z.B. zwischen einem Waisenhaus, repräsentiert durch seinen Vertreter und dem Jugendamt, bis hin zur Öffentlichkeit. Je weitreichender der Konfliktrahmen, desto verschachtelter sind die Komplexitätsniveaus, desto schwieriger ist eine gute Analyse und die Entwicklung einer tragfähigen Interventionsstrategie. Hier werden ein langer Atem, Ausdauer, Geduld, das Ertragenkönnen von Rückschlägen, die Kunst, aus Fehlern und Fehlschlägen zu lernen, aber auch konsequentes Vorgehen zu wichtigen Schlüsselqualifikationen.

Weitreichender Konfliktrahmen

Checkliste 3: Häufigkeit von Konflikten

Wie häufig kommt es

- in welchen Situationen,
- zu welchen Zeiten,
- bei welchen Beteiligten
- zu welchen Konfliktfällen?
- Gibt es Zeiten/Umstände, in denen die Zahl der Konflikte eher gering/eher hoch ist?
- Welche Erklärungen geben die Beteiligten hierfür?

Abb. 20

Häufigkeit

Checkliste 4: Konfliktverlauf - Konflikteskalation

- Was erleben die Konfliktparteien als positive/negative Wendepunkte im Konfliktverlauf ("kritische Momente")?
- Was sind typische, exemplarische Episoden ("crucial events") im Konfliktverlauf?
- Was ist geeignet, den Konflikt zu intensivieren/zu schwächen?
- Wurde der Konflikt im Laufe der Zeit ausgedehnt, d.h. mehr Issues einbezogen, mehr Personen, Gruppen aktiviert? Wer oder was hat dazu beigetragen?
- Wurde der Konflikt intensiviert?

Konfliktverlauf, -dynamik, -eskalation

MANAGEMENT
Untersuchung und Optimierung von Konfliktlösungen

> - Gibt es Situationen, Anlässe in denen eine Distanzierung vom Konflikt möglich ist? Wann mehr, wann weniger?
> - Welche Erklärungen haben die Beteiligten dafür?
> - Welche Schlußfolgerungen ziehen sie daraus?
> - In welchen Situationen wird der Konflikt heiß/kalt?
> - Wer oder was trägt dazu bei, den Konflikt eher heiß/kalt/instabil werden zu lassen?

Abb. 21

Hinweise

Klärung des Eskalationsgrades

⇨ Hier geht es um Fragen, die neben dem bisherigen Konfliktverlauf auch einen Einblick in den Eskalationsgrad (vgl. Glasl 1990:103ff/183ff) geben können. Die Klärung des Eskalationsgrades ist für die Intervention von großer Bedeutung. Sie gibt Anhaltspunkte für Sofortmaßnahmen, "die ein Unkontrollierbar-Werden des weiteren Konfliktverlaufes verhindern sollen und gleichzeitig eine Landefläche für die mittel- und langfristig wirksamen Interventionen bieten müssen" (ebd.:105).

Gefühlserinnerung

⇨ Hinzu kommt: "Wenn wir als Berater die Parteien bitten, diese Episoden lebendig und in allen Farben zu beschreiben, so werden bei den Parteien neben der gedanklichen Vorstellungs-Erinnerung sogar wieder Gefühlserinnerungen auftreten. Manchmal ist es dazu nötig, daß eine Konfliktpartei eine Episode gleichsam simuliert bzw. nachspielt. Dann erst zeigt sich, welchen Platz bestimmte Issues und Parteien im Konflikt einnehmen" (Glasl 1990:103). Auf diese Weise können Zusammenhänge und Dynamik des Konfliktmusters sehr deutlich werden. Kern-Issues, korrespondierende Sequenzabfolgen im Denken, Fühlen, physiologische Reaktionen der Beteiligten, korrespondierende Verhaltensreaktionen und ihre beziehungsgestaltenden Auswirkungen treten hervor. Daraus können wiederum brauchbare Ansatzpunkte und Interventionsmöglichkeiten für die Entwicklung von Lösungsvisionen und Lösungsschritten abgeleitet werden.

Dynamik des Konfliktmusters

Verfahren/Strategien zur Konfliktösung

> **Checkliste 5: Bisherige Art der Konfliktbewältigung**
>
> - Welche Strategien werden von welchen Personen/Gruppen in welchen Konfliktsituationen, mit welchen Konsequenzen eingesetzt?
> - Gibt es in der Organisation institutionalisierte Verfahren der Konfliktbewältigung?
> - Wie verbindlich sind diese Verfahren?
> - Wer greift wann darauf zurück?
> - Welche Lösungsversuche gab es bisher schon, mit welchen Auswirkungen für wen?

Untersuchung und Optimierung von Konfliktlösungen

MANAGEMENT

> - Wer hat Lösungsversuche initiiert, wer mitgetragen, wer blockiert, wer hielt sich heraus?
> - Waren die Lösungsversuche eher zieldienlich oder führten sie eher zu einer Eskalation/Stagnation?
> - Gab es in der Vergangenheit schon Strategien, die lösungsfördernd waren?
> - Warum wurden sie nicht weiterverfolgt?
> - Welche Bewertungen gab es für sie?
> - Welche Erklärungen haben die Beteiligten für den Abbruch bzw. das Scheitern?
> - Wie reagierten die Beteiligten auf den Abbruch/das Scheitern?
> - Welche Schlußfolgerungen wurden aus den bisherigen Lösungsversuchen gezogen, wenn sie eher problemstabilisierend waren, welche wenn sie eher lösungsfördernd waren, aber nicht konsequent verfolgt wurden?
> - Welche Auswirkungen hätte es auf die Beziehungen/die Organisation, wenn lösungsförderliche Schritte konsequent gegangen würden?

Bisherige Lösungsversuche

Abb. 22

Hinweise

⇨ Eine Untersuchung der angewandten Konfliktstrategien deckt einerseits die Methoden auf, die die Organisation und ihr Umfeld anbieten, und fördert zum anderen ein bevorzugtes Modell zur Konfliktlösung. Ferner stellt die Untersuchung, und das ist vielleicht ihr wichtigster Zweck, die Hindernisse heraus, die bestimmte Verfahren undurchführbar machen. Ein Beziehungssystem (Team, Abteilung, Organisation) verfügt in der Regel über eine Auswahl eingeschliffener, eingespielter Konfliktlösungsstrategien. Konflikte können durch Verhandlungen gelöst oder den Vorgesetzten zur Entscheidung vorgelegt werden. Sie können auch formell durch Gesetze, Verträge, Schiedsverfahren, einen festgelegten Beschwerdeweg etc. geregelt werden. In der Regel wird es so sein, daß unterschiedliche Strategien gleichzeitig oder auch nacheinander eingesetzt werden (Ury/Brett/Goldberg 1991:46).

Bevorzugtes Modell der Konfliktlösung

⇨ Für unseren Argumentationszusammenhang kommt es zunächst darauf an, typische Muster der Konfliktbewältigung so konkret und detailliert wie möglich herauszuarbeiten, eventuell eingesetzte Verfahren zu registrieren und sich dadurch ein Bild zu verschaffen, wie in dem betreffenden System Konflikte bisher angegangen werden. Dazu gehört auch, daß man/frau bereits angewandte, alternative Lösungsversuche erfragt. Die Antworten können für die Entwicklung von Interventionen bzw. von Elementen eines effektiven Konfliktlösungssystems genutzt werden. Darin liegt der Sinn dieser Recherchen. Außerdem wird die Aufmerksamkeit der Konfliktparteien durch die Fragestellung vom Problembereich weg hin auf den erwünschten Lösungs-/Zielbereich verschoben.

Typische Muster der Konfliktbewältigung

MANAGEMENT
Untersuchung und Optimierung von Konfliktlösungen

Checkliste 6: Organisation als Konfliktquelle

Zur Identität einer Organisation

Identität, Kernaufgabe, Organisationszweck

- Ist die Kernaufgabe der Organisation für Mitarbeiter/innen, Vorgesetzte, Top-Management klar?
- Entspricht der Zweck der Organisation noch den aktuellen, gesellschaftlichen Anforderungen? Ist eine Überprüfung, Klärung, Neubestimmung erforderlich?
- Welche Rolle spielt die Besonderheit der Institution für die Gestaltung der Außenbeziehungen (zu KundInnen, KooperationspartnerInnen, GeldgeberInnen)?
- Wie stehen die Führungskräfte, die MitarbeiterInnen, die KundInnen zum Zweck und zum Selbstverständnis der Organisation?
- Können die MitarbeiterInnen einen Bezug zwischen dem Organisationszweck und den eigenen Aufgaben herstellen?
- Inwieweit identifizieren sie sich mit dem Organisationszweck?

Zur Politik und Strategie

Leitsätze, Programme, Regeln

- Gibt es (geeignete, ausreichende) Leitsätze, Strategien, Programme zur Konkretisierung der Kernaufgaben?
- Sind diese Leitsätze den MitarbeiterInnen bekannt, transparent?
- Wird die Unternehmens-/Einrichtungspolitik von den MitarbeiterInnen akzeptiert und vertreten?
- Wie deutlich, klar, widerspruchsfrei sind die Leitsätze?
- Sind informelle, ungeschriebene Leitsätze, Regeln erkennbar?
- In welchem Verhältnis stehen diese zu den offiziell propagierten Leitsätzen?
- Welche Personen/Gruppen stehen hinter welchen Leitsätzen?
- Welche Personen/Gruppen ignorieren, umgehen, bekämpfen sie?

Zur Struktur

Denken, Werte, Konzept

- Wie ist die Organisation aufgebaut?
- Welches Denken, welche Werte, welches Konzept stehen dahinter?
- Wie zweckdienlich sind die Organisationskonzepte im Hinblick auf die Kernaufgaben, die aktuellen Ziele, die zur Verfügung stehenden Ressourcen?
- Sind die Organisationseinheiten für die MitarbeiterInnen übersichtlich?
- Finden sich die MitarbeiterInnen erlebnismäßig darin zurecht?

Untersuchung und Optimierung von Konfliktlösungen MANAGEMENT

Zu Menschen, Gruppen, Klima

– Wie werden die MitarbeiterInnen in ihren Kompetenzen gefordert und eingesetzt?

– Welche Bedürfnisse, Interessen, Ziele haben die MitarbeiterInnen in der Organisation?

– In welcher Form werden sie wann, von wem berücksichtigt?

– Welche Rolle spielen Macht, Status, Karriere (für wen am meisten/ am wenigsten)?

– Wie wird das Betriebsklima (in der Organisation/den Abteilungen) von den MitarbeiterInnen) erlebt?

Ziele, Interessen, Kompetenzen und Betriebsklima

Macht/Einfluß

– Welche Personen, Gruppen verfügen in der Organisation über starken Einfluß/reale Macht? Wer hat nur geringen Einfluß?

– Inwieweit deckt sich dies mit der formellen Position?

– Welche Einstellungen, Werte, Verhaltensweisen sind charakteristisch für die Führung?

Macht, Status, Einfluß

Entscheidungen

– Wie laufen Entscheidungsprozesse ab?

– Was für Entscheidungsarten werden bevorzugt?

Entscheidungen

Formelle/informelle Positionen/Beziehungen

– Welche formellen/informellen Positionen/Beziehungen gibt es?

– Wer hat öfter, wer weniger Kontakt mit wem (formell/offiziell und informell/inoffiziell)?

„Vitamin B"

Einzelaufgaben und Organe

– Auf welchen Prinzipien beruht die Arbeitsteilung und Aufgabenzuweisung (fachlich, spezialisiert, taylorisiert - ganzheitlich, integriert)?

– Stehen Aufgaben, Kompetenzen, Verantwortung, Gehalt in einem ausgewogenen Verhältnis?

– Wieviel Planung, Kontrolle, Gestaltungsmöglichkeiten läßt die eigene Funktion zu?

– Welche gegenseitigen oder einseitigen Abhängigkeiten resultieren aus der Aufgaben- und Kompetenzverteilung?

– Wie werden Arbeits-, Aufgaben- und Kompetenzverteilung akzeptiert?

Organisationsstruktur und „Betriebsphilosophie"

MANAGEMENT
Untersuchung und Optimierung von Konfliktlösungen

Organisationsanalyse

Prozesse, Abläufe
- Wie sind Funktionen/Aufgaben aufeinander abgestimmt?
- Gibt es Engpässe, Schwachstellen, Umwege, Verzögerungen im Ablauf?
- Sind die Abläufe an Arbeitszielen ausgerichtet?
- Sind die Abläufe an Unternehmenspolitik, Strategien, Strukturkonzepten ausgerichtet?

Aufgaben-, Ablaufanalyse

Materielle Ressourcen
- Wie menschengerecht sind eingesetzte Mittel, Maschinen, Technologien?
- Wie zweckmäßig/unzweckmäßig sind sie?
- Wieviel Zeit steht wem für die Aufgabenerfüllung zur Verfügung?
- Arbeitszeitflexibilität: Welche Gestaltungsspielräume für individuelle Arbeitszeitwünsche stehen wem, wann zur Verfügung?

Ressourceneinsatz

Organisatorische Anpassungen an Umfeldveränderungen als Konfliktquelle
- Welches Konfliktpotential resultiert für wen aus geplanten oder in Angriff genommenen Veränderungen der Organisation?

Abb. 23 (vgl. Glasl 1990:116-119)

Hinweise

Konflikte in Organisationen entstehen nicht nur in mikrosystemischen Beziehungskontexten. Sie werden, wie im vorausgegangenen Kapitel bereits aufgezeigt, auch von dem umfassenden organisatorischen Gesamtrahmen beeinflußt. Die Konfliktparteien "nehmen darin eine Position ein, die ihre gegenseitigen Beziehungen in vielerlei Hinsicht beeinflußt" (Glasl 1990:112). Eine Klärung des Konfliktpotentials einer Organisation ist vor allem mit Blick auf die Konfliktvorbeugung von Interesse (vgl. S. 36 ff.).

Identität einer Organisation

⇨ *ad. Identität einer Organisation*:
Probleme mit der Identität einer Organisation können sich in vielfältigen Konflikten spiegeln: "Ein Sinnvakuum führt zu Streitigkeiten über Aufgaben und Kompetenzen oder über Prozeduren. Widersprüche zwischen der Gesamtidentität und der Teilidentität kleinerer Organisationseinheiten kann (sic) in langwierigen Strategie-Diskussionen und in Machtkämpfen sichtbar werden. In einem organisatorischen Ganzen kann ... das Symptom an einer ganz anderen Stelle auftreten" (Glasl 1990:117).

Untersuchung und Optimierung von Konfliktlösungen MANAGEMENT

⇨ *ad. Formelle/informelle Positionen und Beziehungen in einer Organisation*:
Zu unterscheiden sind formelle und informelle Positionen und Beziehungen. Formell sind Positionen und Beziehungen dann, "wenn sie durch Konstitution, Statuten, Geschäftsordnung, Organigramm und andere Normen ausdrücklich geregelt sind; daneben können sie auch informeller Art sein und von den formellen Vorschriften wesentlich abweichen" (Glasl 1990:112). Informelle Beziehungen und Beziehungsmuster - zu denen meist auch die Muster der Konfliktbewältigung zu rechnen sind - entwickeln sich ohne ausdrückliche institutionelle Vorgaben spontan. Sie bilden über die Zeit jedoch wiederkehrende und gefestigte Verhaltens- und Beziehungsmuster, denen ein "Rollenvertrag" zugrunde liegt (Harrison 1971/Richter 1972). "Darunter sind die gegenseitigen Rollenerwartungen, die gewünschten Verhaltensweisen, die Konditionen und Sanktionen für die Einhaltung dieser Rollenverträge zu verstehen, die alle mehr oder weniger zwingend wirken können" (Glasl 1990:112).

Muster der Konfliktbewältigung

Rollenvertrag

Beachten Sie daher vor allem:

- Welche Beziehungsmuster (Rollenverträge) sind zu erkennen?
- Welche wechselseitigen, hypnotischen Fokussierungseinladungen gehen damit einher? (z. B. Vorgesetzter: brüllender Büffel - MitarbeiterIn: ängstliches Häschen).
- Wie lautet die "implizite Vertragsformel"? Sie enthält die unausgesprochenen, gegenseitigen Erwartungen auf 'Leistungen und Gegenleistungen". Was macht X, wenn Y das tut/nicht tut (Sanktionen?). Welche Auswirkungen hat es bzw. werden befürchtet?, z.B. wenn der stellvertretende Leiter einer Einrichtung seine Aufgabe nicht wahrnimmt, wer von den MitarbeiterInnen tut dies dann? Welche Auswirkungen hat dies auf die Beziehungen (zu den KollegInnen, zum Vorgesetzten)?
- Welche Sanktionen setzen die Parteien ein, um das Verhalten zu bewirken, das ihren Erwartungen entspricht? (z.B. Informationen werden nicht weitergegeben, ein Partei wird ignoriert, ausgelacht, verspottet).
- Was haben die Parteien/Betroffenen bislang unternommen, um Beziehungsmuster und Rollenverträge zu ändern, zu durchbrechen?
- Mit welchen Auswirkungen? Wie reagierte die Gegenpartei?

Fokussierungseinladung

Implizite Vertragsformel

Beziehungsmuster und Rollenverträge

⇨ *ad. Anpassungen an Umfeldveränderungen als Konfliktquelle*:
Geplante oder in Angriff genommene Veränderungen stehen oft im Zusammenhang mit Entwicklungen im weiteren Umfeld einer Organisation: zunehmende Konkurrenz, veränderte KundInnenanforderungen, rückgehende Absatzchancen, verschärfter Wettbewerb, erhöhte Anforderungen an Produktqualität und Servicequalität, technische Neuerungen, Sparmaßnahmen von Seiten der Kommunen/Länder/Bund usw.

Konkurrenz, Wettbewerb, Anforderungen, Sparmaßnahmen

Jüngere Beispiele für mögliche Konfliktquellen, die aus Veränderungen des Umfelds oder durch neue Gesetze resultieren, sind u.a.: Umstrukturierungen der Betriebe, Reengineering, Lean-Management: Frühberentung, Abbau von Führungsebenen, Statusverlust, Verlust von Statussymbolen, oder auch die

MANAGEMENT

Untersuchung und Optimierung von Konfliktlösungen

Pflegeversicherung für den Betreuungsbereich und das neue Kinder- und Jugendhilfegesetz (KJHG) für die Einrichtungen der Kinder- und Jugendarbeit.

Nicht zu vergessen die finanziellen Engpässe bei öffentlichen und freien Trägern sozialer Einrichtungen mit ihren einschneidenden Folgen der reduzierten Zuschußmittel, des zunehmenden Ressourcendrucks und wachsenden Wettbewerbs mit privaten Dienstleistungsanbietern.

Bedrohungen, Belastungen, Verluste

Zufriedenheit/Unzufriedenheit mit den Ergebnissen

Auswirkungen

Kosten

Checkliste 7: Bilanzierung der Kosten bisheriger Bewältigungsstrategien

– Welche Bedrohungen/Einbußen/Verluste/Beeinträchtigungen: vergeudete Zeit, wirtschaftlich/materielle Verluste, nervliche Belastungen, verpaßte Chancen, Prestigeverlust sind mit

– welchen auf die Konfliktbewältigung bezogenen Verhaltensweisen/Verfahren/Strategien verbunden?

– Wer ist am meisten/am wenigsten davon betroffen?

– Wer profitiert wie davon?

– Wie zufrieden/unzufrieden sind die Konfliktparteien mit den auf diese Weise erzielten Ergebnissen?

– Welche Konfliktpartei ist aus welchen Gründen zufriedener/unzufriedener?

– Welche Auswirkungen haben die praktizierten Verfahren der Konfliktlösung auf die Beziehungen zur Gegenpartei? Welche auf andere Bereiche/Subsysteme in der Organisation?

– Bei wem, wo sind die Auswirkungen am größten/am geringsten?

– Wie häufig flammen dieselben Konflikte wieder neu auf, wenn sie auf die geschilderte Weise angegangen werden?

– Welche der beschriebenen Strategien/Verhaltensweisen/Verfahren sind mit höheren, welche mit geringeren Kosten verbunden?

– Welche Strategien/Verhaltensweisen/Verfahren führen eher zu einer Kostenerhöhung, welche eher zu einer Kostensenkung?

Abb. 24

Hinweis

Bilanzierung der Kosten

⇨ Indem sich die Beteiligten mit der Bilanzierung der Kosten für die bislang bevorzugte Art ihrer Konfliktbewältigung beschäftigen, können sie zugleich dazu angeregt werden, ihren Blick auf die Frage nach der Zieldienlichkeit der praktizierten Strategien zu richten.

Untersuchung und Optimierung von Konfliktlösungen

Checkliste 8: Zusammenhänge zwischen Ressourcen und Art der Konfliktbewältigung

Ideell-kulturelle Ressourcen

- Stehen in der Beziehung/Organisation bereits Verfahren/Strategien der Konfliktbewältigung zur Verfügung?
- Inwieweit berücksichtigen diese die Interessen aller Beteiligten?
- Von wem werden diese Verfahren, in welchen Konflikfällen, mit welchem Erfolg, mit welchen Auswirkungen genutzt/von wem nicht?
- Sind diese Verfahren den Beteiligten ausreichend bekannt?
- Von wem werden sie akzeptiert/nicht akzeptiert? Was sind die Gründe?
- Behindern unklare, widersprüchliche Normen, Gesetze, Regeln oder mangelnde Informationen zu dem Problem die Nutzung dieser Strategien?
- Welche Rolle für die praktizierte Form der Konfliktlösung spielen Entscheidungsprozesse in der Organisation (z.B. zentralistische Strategien)?
- Welche Umgangsweisen mit Konflikten werden von Vorgesetzten, von KollegInnen gelobt, unterstützt/bestraft, nicht unterstützt/blockiert (formelles/informelles Lob)?
- Nach welchen Kriterien und über welche Verfahren werden Schlüsselpositionen besetzt?
- Spielt das Kriterium "Kommunikations- und Konfliktfähigkeit" bei der Auswahl von Führungspersonal eher eine geringe/eine große Rolle?
- Sind die bei der Personalauswahl eingesetzten Verfahren geeignet, Kommunikations- und Konfliktfähigkeit zu überprüfen?
- Spielen Kommunikations- und Konfliktfähigkeit im Rahmen von Fort- und Weiterbildungsmaßnahmen eine Rolle? Für welche Personen/Personengruppen?
- Inwiefern behindert/fördert die gelebte Unternehmenskultur (Normen, Sitten, Gebräuche) tragfähige, kostengünstige Konfliktlösungen?

Welche Verfahren/Strategien gibt es?

Wer kennt und nutzt sie?

Verhalten der Vorgesetzten

Rolle der Unternehmenskultur

MANAGEMENT

Untersuchung und Optimierung von Konfliktlösungen

Kenntnisse, Kompetenzen und Erfahrungen im Umgang mit Lösungsstrategien

Persönliche Ressourcen - Kenntnisse - Fähigkeiten - Motivation

– Wissen die Beteiligten, welche Strategien für welche Konfliktfälle, wann zur Verfügung stehen?

– Können sie beurteilen, welche Erwartungen diese Strategien an sie stellen?

– Können sie die Strategien so anwenden, daß sie zu einer positiven Lösung gelangen?

– Sind die Parteien/Personen mit der interessenorientierten Verhandlung vertraut?

– Wie gut können sie einander zuhören und nach kreativen Lösungen suchen?

– Lohnt es sich aus der Sicht der Parteien, auf solche Strategien zurückzugreifen?

– Welche unternehmenskulturellen Botschaften fördern/behindern interessenorientierte Lösungsstrategien?

– Welche Erfahrungen haben MitarbeiterInnen/Vorgesetzte mit solchen Strategien gemacht? Wie zufrieden waren sie damit? Welche Konsequenzen haben sie daraus gezogen?

Soziale Ressourcen

Soziale und materielle Unterstützung

– Gibt es Personen, die (in oder außerhalb der Einrichtung/des Unternehmens) von den Konfliktparteien um Unterstützung gebeten werden können?

– Von wem werden sie mit welchem Erfolg um Hilfe gebeten/von wem nicht? Was sind die Gründe hierfür?

Materiell-zeitliche Ressourcen

– Reichen Geld- und/oder Sachmittel für die zu bewältigenden Aufgaben aus?

– Welche Rolle spielt der Mangel an Geld und Sachmitteln bei welchen Konfliktfällen?

– Welche Rolle spielen Zeit/zeitliche Ressourcen?

Abb. 25

Hinweise

Bei diesen Fragen geht es vor allem um die Klärung

– von Zusammenhängen zwischen Ressourcen und der gewählten Art der Konfliktbewältigung;

Hinweise für die Interventionsplanung

– ob die nötigen Ressourcen für eine tragfähige Konfliktlösung in ausreichendem Maß zur Verfügung stehen.

Untersuchung und Optimierung von Konfliktlösungen

Die Ressourcenklärung gibt nützliche Hinweise für die Interventionsplanung, vor allem für die Konstruktion von Lösungsschritten.

⇨ **ad. Ideell-kulturelle Ressourcen**
In einem Beziehungssystem (Team, Gruppen, Organisation) können für bestimmte Konfliktfälle etablierte, institutionalisierte Strategien und Verfahren der Konfliktlösung vorhanden sein. Diese können

- ❏ auf Gewohnheit beruhen ("es war schon immer so");
- ❏ formell von einer größeren Gruppe vorgegeben sein (Gerichte, Gesetze, Vorschriften);
- ❏ zwischen den Parteien vereinbart worden sein (Schlichtungsverfahren);
- ❏ von einer Seite zur Verfügung gestellt werden (Beschwerdeweg für KundInnen).

Institutionalisierte Strategien und Verfahren

Daher ist es sinnvoll zu fragen, für welche Konfliktfälle bereits Verfahren zur Verfügung stehen, ob sie genutzt bzw. auch warum sie nicht in Anspruch genommen werden. Selbst wenn lösungsförderliche Bewältigungsstrategien zur Verfügung stehen, werden sie oft deshalb nicht angewandt, weil Hindernisse im organisatorischen Umfeld sie unterlaufen. Z.B. wird eine Führungskraft/eine Gruppenvertreterin nicht für das Aushandeln von Lösungen sondern

Lösungsstrategien werden unterlaufen

- ❏ für ihre Durchsetzungsfähigkeit gelobt. Die Unternehmenskultur "nährt" die "Macher", wenn signalisiert wird, "wer sich durchsetzt, dem gebührt Respekt, nur Weichlinge verhandeln";
- ❏ für "das sich heraushalten", "das sich zurückhalten" belohnt. Die Unternehmenskultur "nährt" die "Unterlasser", fördert Scheinharmonie, Konfrontationen werden vermieden.

Was signalisiert die Unternehmenskultur?

⇨ **ad. Persönliche Ressourcen**
Auf der Basis einer Einschätzung von Sachkenntnis und Fähigkeiten zur Konfliktbewältigung (Wissen und Können der Beteiligten) kann über Fort- und Weiterbildungsmaßnahmen bzw. geeignete Maßnahmen der Personalentwicklung entschieden werden. Insbesondere Schlüsselpersonen, deren Verhalten häufig zu Konflikten führt, sollten hinsichtlich ihres Wissens und ihrer Fähigkeiten zur Konfliktlösung beurteilt werden. In solchen Fällen stellt sich eventuell die Frage, ob vorhandene Kenntnisse und Fähigkeiten weiterentwickelt, oder ob diese Personen besser ersetzt werden sollten. Konsequenzen ergeben sich auch für eine entsprechende Beurteilung und Personalauswahl im Vorfeld: z.B. vor der Auswahl eines Projektleiters oder einer Teamleiterin sollten nicht nur deren fachliche Qualifikation sondern auch ihre Kommunikations- und Konfliktbewältigungsfähigkeiten überprüft werden.

Fähigkeiten zur Konfliktlösung

Beurteilung und Personalauswahl

MANAGEMENT

Untersuchung und Optimierung von Konfliktlösungen

Motivation zum Verhandeln

Auf die Motivation der Beteiligten blickend, ist zu beachten: Selbst wenn interessengeleitete Verhandlungsstrategien zur Verfügung stehen, ausreichendes Wissen und Fähigkeiten vorhanden sind, müssen sie noch lange nicht genutzt werden. Den Konfliktparteien kann die nötige Motivation zum Verhandeln fehlen. Und dies kann - wie bereits gezeigt (vgl. S. 49 ff.) - mit Blick auf das Umfeld - durchaus angemessen sein. Angst vor Folgen oder fehlendes Vertrauen können eine Partei davon abhalten, auf Interessen basierende Strategien zu benutzen.

Mangel an sozialem Support

⇨ *ad. Soziale Ressourcen*
Die Anwendung interessenorientierter Verhandlungsstrategien kann auch durch einen Mangel an sozialem Support scheitern. Fachleute, VermittlerInnen, auf deren Unterstützung man in kritischen Situationen zurückgreifen kann, Beauftrage, die die Einhaltung von Verfahrensregeln überwachen, können hier eine wichtige Hilfe sein. Dies gilt vor allem auch dann, wenn Verfahren relativ neu eingeführt, noch nicht so bekannt sind und noch wenig Akzeptanz haben.

Geld, Budget oder Sachmittel

⇨ *ad. Materiell-zeitliche Ressourcen*
Ein Mangel an Geld, Budget oder Sachmitteln kann eine effektivere Konfliktlösung behindern. Das ist unmittelbar einsichtig. In vielen Fällen mangelt es jedoch auch an Zeit. Die möglichen Folgen eines solchen Mangels werden von dem amerikanischen Schriftsteller Charles Bukowski sehr drastisch ausgedrückt, wenn er schreibt: "Es sind nicht die großen Dinge, die Menschen ins Irrenhaus bringen... nein, es ist die Serie kleiner Tragödien, die Menschen ins Irrenhaus bringen... nicht der Tod seiner Geliebten, sondern ein Schnürsenkel, der reißt, wenn keine Zeit mehr ist...".

Zeitdruck

Manchmal ist es mit Konfliktereignissen durchaus ähnlich. Zeitdruck kann in Sekundenschnelle aus einer Mücke einen Elefanten werden lassen. Auch das sollte bei aller Strategiebezogenheit nicht vergessen werden. Manchmal, nicht immer, aber immer öfter, scheitern gute Vorsätze einfach an der Ressource Zeit. Das Alltagsgeschäft drängt. Es gibt viel zu tun. Manches sollte am besten schon gestern erledigt gewesen sein. Und so platzt es einfach aus einem heraus, obwohl man "es" ja nicht wollte, aber "es" passierte und schon ist der Ärger da.

Alltagsgeschäft

Zu welchen Ergebnissen kommt die Untersuchung des bestehenden Konfliktlösungssystems? Was läßt sich mit diesen Ergebnissen anfangen?

Untersuchung und Optimierung von Konfliktlösungen

Checkliste 9: Untersuchungsergebnisse bündeln, ordnen, gewichten

Gehen Sie folgendermaßen vor:

Bündeln Sie die Ergebnisse, indem Sie festhalten

- welche Konfliktfälle, wie häufig, zwischen welchen Konfliktparteien auftreten;
- wer mit welchen Konfliktfällen wie umgeht;
- von wem bestimmte Verfahren warum bevorzugt eingesetzt werden;
- welche Verfahren unter den gegenwärtigen Bedingungen nicht einsetzbar sind;
- ob ausreichend Ressourcen vorhanden sind, die die Konfliktparteien bei der Konfliktlösung unterstützen können;
- ob Hilfsmittel nötig sind;
- ob beteiligte Personen gefördert, geschult, gecoacht oder ausgewechselt werden sollten.

Konfliktanalyse und Verfahrensoptimierung

Ordnen Sie die Informationen danach

- was, nach Aussagen der Beteiligten eher zum konflikterhaltenden System,
- was eher zum Lösungssystem gehört.

Konfliktsystem Lösungssystem

Entwickeln Sie Ideen darüber,

- welche Elemente und Elementverbindungen im Konfliktsystem im Sinne der Zieldienlichkeit und einer Kostenoptimierung verändert/ersetzt/ergänzt werden könnten.

Zielerreichung Kostenoptimierung

Setzen Sie Prioritäten

- Jeder genannte Bereich umfaßt eine Menge von Elementen, die sich für eine Musteränderung anbieten. Daher sollten Sie gewichten und Prioritäten setzen.
- Schätzen Sie ein, welche Elemente sich am leichtesten und kostengünstigsten für eine Änderung eignen, welche am wenigsten.

Prioritätensetzung

Abb. 26

Auf dieser Basis können Sie dann detaillierte, konkrete Lösungsschritte entwickeln und Interventionen planen. Jedermann und Jedefrau kann und muß sich in Konfliktsituationen entscheiden, ob er/sie Teil des Problems bleiben oder Teil der Lösung werden will. Diese Chance nicht abzulehnen oder zu verspielen, sondern als Verantwortung zu begreifen, ist eine wesentliche Voraussetzung und Aufgabe jedes erfolgreichen Konfliktmanagements.

Teil des Problems oder Teil der Lösung

MANAGEMENT

Leitlinien zur Entwicklung eines effektiven Konfliktlösungssystems

8 Leitlinien zur Entwicklung eines effektiven Konfliktlösungssystems

Ein effektives Konfliktlösungssystem ist darauf angelegt, die Kosten eines Konfliktfalles zu senken und dauerhafte, zufriedenstellende Lösungen zu entwickeln. Was sollten Sie im Auge behalten, wenn Sie ein solches System entwickeln möchten?

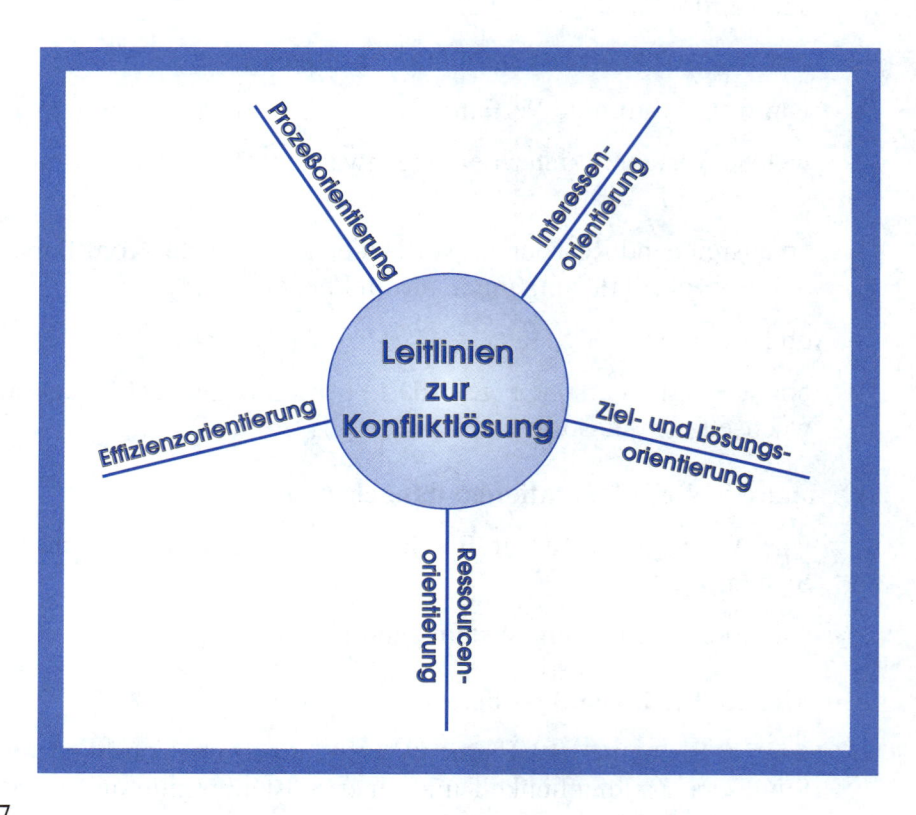

Abb. 27

Leitlinie 1: Interessenorientierung

Richten Sie die Aufmerksamkeit auf die Interessen der Konfliktparteien

Interessen sind kontextabhängig

Interessen können sich verändern

Individuelle Interessen können sich verändern, je nach Situation. In der Arbeitsbeziehung zu KollegInnen können andere Interessen verfolgt werden als im Team und dort wiederum andere als mit Blick auf den Vorgesetzten oder gar das gesamte Unternehmen. Hinzu kommt, daß alle in einer Einrichtung, in einem Unternehmen tätigen Personen kontextbezogen, unterschiedliche Interessen entwickeln und z.T. auch verfolgen.

Interessen stehen in wechselseitiger Konkurrenz

Die Interessen stehen demnach häufig sowohl in individueller wie auch in sozialer Hinsicht in wechselseitiger Konkurrenz. Es bedarf einiger Anstrengungen sie aufeinander abzustimmen. Dies ist nicht einfach. "Man muß die tiefsitzenden Ängste erkennen, kreative Lösungen entwickeln und in den Bereichen, in denen sich unterschiedliche Interessen gegenüberstehen, durch Tauschhandel und Zugeständnisse zu einer Einigung gelangen" (Ury/Brett/Goldberg 1991:22).

Leitlinien zur Entwicklung eines effektiven Konfliktlösungssystems

MANAGEMENT

Geben Sie den Konfliktparteien die Möglichkeit ihre Gefühle auszudrücken

Interessen sind in der Regel stark emotional verankert. Daher sind bei den meisten Interessenkonflikten auch Gefühle/Emotionen angesprochen. Je stärker die Emotionen desto größer auch das Konfliktpotential. Nicht zur Kenntnis genommene, nicht wertgeschätzte, verletzte, unberücksichtigte Interessen heizen ihrerseits die Emotionen an. Schnell gerät man/frau auf diese Weise in einen verhängnisvollen Teufelskreis. Es kommt zu einer Eskalation.

Interessen sind emotional verankert

Daher ist es empfehlenswert, in Gesprächen/Verhandlungen den Gefühlen der Beteiligten Ausdrucksmöglichkeiten zu schaffen. Ärger darf geäußert werden, Empörung, Verletzungen, Enttäuschungen werden sichtbar, Entschuldigungen ermöglicht, Feindseligkeiten können abgebaut werden. Auf dieser Basis läßt sich eine Konfliktlösung eher entwickeln.

Ärger darf geäußert werden

Verdeutlichen Sie den Nutzen von Verfahren, die eine Konfliktlösung auf der Basis des Ausgleichs von Interessen anstreben

Bei der interessenorientierten Verhandlungsführung geht es darum, durch gezieltes, wechselseitiges Arrangieren eine "win-win" Situation zu ermöglichen. Welche Nutzenaspekte beinhaltet sie im einzelnen? Hier einige Argumente, deren Sie sich bedienen können:

"win-win" Situation

Regeln/Verfahren einer interessenorientierten Konfliktlösung

Interessenorientierte Verhandlungsführung ermöglicht es:

- eigene Interessen einzubringen und zu vertreten;
- die Wünsche, Absichten, Interessen, Position der Gegenseite zu erforschen;
- eventuelle Mißverständnisse aufzudecken und zu klären;
- Angebote zu machen, die Interessen beider Seiten zu hören und auf der Basis der Kooperation zu einer Einigung zu kommen;
- beide Seiten zufriedenzustellen;
- zu einer dauerhaften Lösung zu kommen;
- die Beziehung zur KonfliktpartnerIn positiv oder zumindest befriedigend zu gestalten.

Konfliktlösung durch Verhandlung:

- konzentriert sich auf den Gestaltungsspielraum/Handlungsspielraum, über den die Konfliktparteien selbst verfügen, den Sie nutzen und optimieren können, um dem gewünschten Ergebnis näher zu kommen;
- verlangt Auseinandersetzung mit eigenen Zielvorstellungen und genaue Klärung dessen, was die Parteien als "gewünschtes Ergebnis" der Verhandlung anstreben;
- impliziert eine Fokusänderung: von der Problem- zur Lösungs-und Zielorientierung.

Interessen einbringen, Mißverständnisse klären, Angebote machen

Handlungsspielräume nutzen

Lösungsorientierung statt Problemorientierung

Abb. 28

MANAGEMENT

Leitlinien zur Entwicklung eines effektiven Konfliktlösungssystems

Vorbereitende Schritte zu einer interessenorientierten Verhandlungsführung

Im nachstehenden Mind-map haben wir die für eine am Interessenausgleich orientierte Verhandlungsführung notwendigen Schritte zusammengefaßt. Die fünf Äste stellen die wichtigsten Schritte des Vorgehens in Stichworten dar. Weiterführende Erläuterungen und Informationen dazu sind den folgenden Kapiteln und Abbildungen zu entnehmen:

Mind-map

- ❏ Ast 1 - vgl. Kapitel 7
- ❏ Ast 2 - vgl. Leitlinie 1 dieses Kapitels
- ❏ Ast 3 - vgl. Kapitel 6
- ❏ Ast 4 - vgl. Abb. 30
- ❏ Ast 5 - vgl. Abb. 31/32

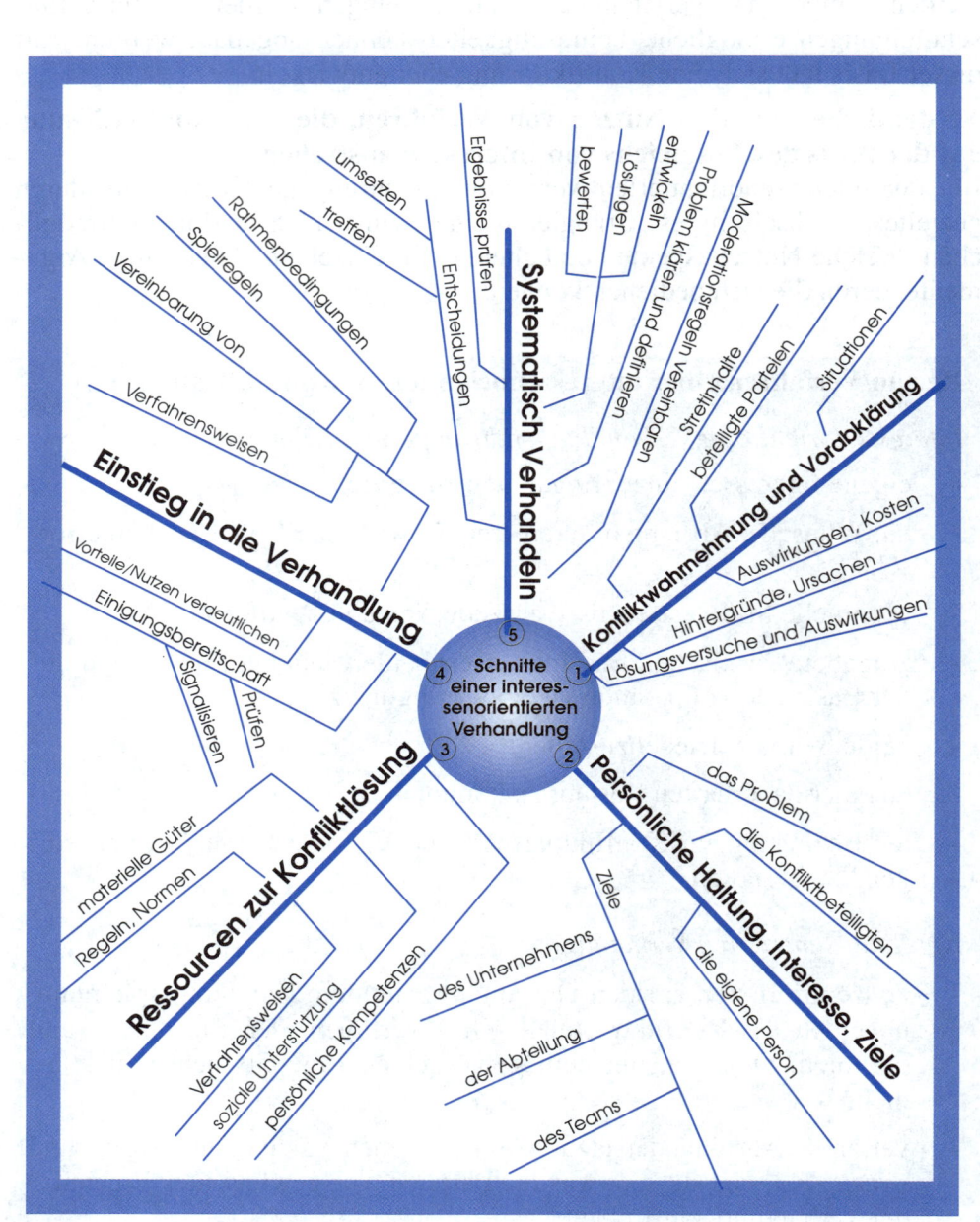

Abb. 29

Leitlinien zur Entwicklung eines effektiven
Konfliktlösungssystems

Regeln für den Einstieg in die Verhandlung

- Signalisieren Sie Einigungsbereitschaft.
- Fragen und prüfen Sie ob die KonfliktpartnerInnen einigungsbereit sind.
- Nehmen Sie eine Zustimmung als Absichtserklärung, auf die Sie sich in kritischen Situationen immer wieder beziehen können.
- Verdeutlichen Sie möglichst konkret die Ziele, Vorteile und Nutzen einer interessenorientierten Einigung.
- Vereinbaren Sie Rahmenbedingungen und Spielregeln für die Verhandlung (z. B. Ort, Zeit, Unterbrechungen, Fortsetzung der Verhandlung, Verfahrensweisen und Kommunikationsregeln).

Fragen, prüfen, verdeutlichen, vereinbaren

Vgl. Dipper 1992:228 f.
Abb. 30

Zehn Regeln für die Konfliktmoderation

1. Versuch, sich in die Lage der anderen Konfliktbeteiligten zu versetzen
2. Offenheit und Aufgeschlossenheit für die Interessen und Argumente der anderen
3. Darauf achten, daß alle gemeinsam an der Aufgabe arbeiten
4. Daran denken, daß Konflikte konstruktiv nur bei Zufriedenheit aller Betroffenen gelöst werden können
5. Keine Schuldzuweisungen, keine Suche nach Sündenböcken
6. Keine Interpretation der Aussagen, sondern konkrete Nachfragen
7. Konflikte so schlichten, daß es keine VerliererInnen gibt
8. Emotionen nicht unterdrücken, sondern zulassen
9. Aufmerksames Zuhören und Feedback
10. Konflikte als natürlichen Bestandteil der Zusammenarbeit mit anderen akzeptieren

Aufgeschlossenheit, konkrete Nachfragen, Emotionen zulassen

Quelle: Brommer 1994:201
Abb. 31

MANAGEMENT

Leitlinien zur Entwicklung eines effektiven Konfliktlösungssystems

	Sechs Schritte zur wirksamen Problemlösung
Problem definieren	1. Das Problem wird erkannt und definiert
	❏ Problemdefinition/-formulierung ohne Wertung
	❏ Offenlegung der unterschiedlichen Standpunkte
	❏ Beleuchtung durch die KonfliktpartnerInnen
	❏ Anerkennung der Lösungsbedürftigkeit
Lösung entwickeln	2. Alternative Lösungen werden entwickelt
	❏ Vorschlag möglicher Lösungen
	❏ Anhörung der beteiligten Seiten
	❏ gemeinsame Suche nach Alternativen
	❏ Entgegennahme aller Vorschläge ohne Kritik, Bewertung und Selektion
	❏ gemeinsame Formulierung der besten Lösungsmöglichkeit
Lösung bewerten	3. Bewertung der alternativen Lösungen
	❏ offene, ehrliche Begutachtung durch die KonfliktpartnerInnen
	❏ gemeinsame Überprüfung auf ihre Funktionsfähigkeit
	❏ kritische Bewertung
Entscheidung treffen	4. die Entscheidung wird getroffen
	❏ nochmalige Formulierung der Lösungsmöglichkeit
	❏ Überprüfung auf ihre allseitige Akzeptanz
	❏ Zustimmung der KonfliktpartnerInnen zur Lösung wird festgestellt
	❏ die Lösung wird keiner Seite aufgezwungen
Entscheidung durchführen	5. Die Entscheidung wird durchgeführt
	❏ Maßnahmen zur Realisierung werden festgehalten
	❏ wer hat was wann zu tun?
Abschließende Bewertung	6. Abschließende Bewertung der Lösung
	❏ Revision der getroffenen Entscheidung ist in beiderseitigem Einverständnis möglich

Quelle: Brommer 1994:216f.

Abb. 32

Leitlinien zur Entwicklung eines effektiven Konfliktlösungssystems

> **Zusammenfassung: Leitsätze für eine interessenorientierte Problem-/Konfliktlösung**
>
> - Beachten Sie, daß individuelle Interessen kontextabhängig variieren und miteinander in Konkurrenz stehen können.
> - Schaffen Sie Möglichkeiten, Interessen aufeinander abzustimmen und miteinander zu verhandeln.
> - Beachten Sie, daß Interessen stark emotional verankert sind.
> - Geben Sie den Konfliktparteien die Möglichkeit, ihren Gefühlen Ausdruck zu verleihen.
> - Verdeutlichen Sie den Nutzen von Verfahren, die eine Konfliktlösung durch den Ausgleich von Interessen anstreben.
> - Um zu einer fairen Problemlösung zu kommen, sind zum einen aktives Zuhören und die Achtung für die Bedürfnisse der anderen nötig; zum anderen die Aufgeschlossenheit für neue Ideen und Informationen sowie Beharrlichkeit und Entschlossenheit zur Beilegung des Konflikts beizutragen.

Interessenkonkurrenz, Interessenabstimmung

Nutzen der Konfliktlösung verdeutlichen

Abb. 33

Leitlinie 2: Ziel- und Lösungsorientierung
Richten Sie die Aufmerksamkeit auf Ziele und Lösungserfahrungen der Beteiligten

Wer nicht immer wieder stolpern möchte, sollte nicht nur zurück, sondern auch mal nach vorne schauen! Das traditionelle Konfliktmanagement basiert üblicherweise auf einer gründlichen, möglichst ausführlichen Analyse des Konfliktes und seiner Ursachen. Die Entwicklung von Zielperspektiven wird oft erst nach vorläufigem Abschluß der Analyse in Angriff genommen. Klärungsgespräche kreisen oft stundenlang - ineffizient und ineffektiv - um das "Problem". Mit jeder Umkreisung wird dieses dicker, komplexer, stabiler. Eine solch ausführliche Analyse des Konfliktes und seiner Ursachen, oft verbunden mit einer etikettierenden, Defizite festschreibenden Diagnose, hat eher problemhypnotische, problemfixierende Wirkung. Aus hypnotherapeutischer Sicht birgt dieses Vorgehen die Gefahr, daß es, wie vorab beschrieben, (S. 53 f.) zu einer "negativen Trance" kommt. Die beteiligten Parteien (oft auch die Drittpartei) bewegen sich dann gemeinsam immer tiefer auf der Spirale zunehmender Hoffnungslosigkeit und Ausweglosigkeit. Bis man/frau schließlich felsenfest davon überzeugt ist: "Die Situation ist so zerfahren. Es ist äußerst schwierig, da herauszukommen."

Nicht nur zurück, nach vorne schauen

Negative Trance

Man denke an die in psychosozialen Kreisen berühmt-berüchtigten gruppendynamischen Analysen, begleitet von tiefschürfenden psychoanalytischen Interpretationen: frau bohrt und bohrt, in der Hoffnung, die "wahre Wirklichkeit", die wahren Konfliktursachen in der Persönlichkeit der AnalysandIn, ihre innersten, traumatischen Erfahrungen einer verkorksten Kindheit, ihre heimlichen Komplexe vollständig ans Tageslicht zu fördern, sie einer gründlichen Bearbeitung unterziehen und damit den Konflikt lösen zu können.

Gruppendynamische Analysen

MANAGEMENT

Leitlinien zur Entwicklung eines effektiven Konfliktlösungssystems

Sachkonflikte, Beziehungskonflikte

Die eigenen (ansozialisierten, quasiprofessionellen) Bezugssysteme nicht überprüfend, kommt frau oft vorschnell zu der Überzeugung, daß hinter "scheinbaren" Sachkonflikten - bei gründlicher Analyse - immer Beziehungskonflikte ausfindig gemacht werden können. Auf diese Weise werden jedoch oft nicht nur (Beziehungs-) "Wirklichkeiten" *entdeckt* und aufgedeckt, sondern vor allem auch neu *konstruiert*. Dabei bleiben überflüssige Verletzungen nicht aus. Ein so gelagertes Konfliktmanagement ist die beste Strategie, Konflikte anzuheizen, zu verhärten, eskalieren zu lassen. Auf dem Schlachtfeld einer gründlichen Problemanalyse und teilweisen Konfliktneukonstruktion müssen nun umfangreiche Aufräumarbeiten geleistet werden. Die Wunden der Verletzten heilen langsam. Narben bleiben zurück.

Konfliktneukonstruktion

Defizitorientierung erschwert Lösungen

Zugegeben, wir haben diese Schilderung etwas zugespitzt. Trotzdem sind wir der Überzeugung, daß die nach wie vor beliebten, problemanalysierenden Vorgehensweisen, verbunden mit einer ausgeprägten Defizitorientierung - vor allem in psychosozialen Arbeitsfeldern - den Blick auf lösungs- und zieldienliche Erkenntnisse über das Problem eher verstellen (Schmidt 1994:6). Gerade darum halten wir es für unerläßlich, den am Problem, an den Ursachen und an wechselseitigen Schuldzuschreibungen klebenden Blick immer wieder zu lösen und hinzuschauen, in welche Zielrichtung man gehen möchte, welche Lösungen man anstrebt.

Zielvorstellungen und Lösungsperspektiven fokussieren

> **Zusammenfassung: Zielkriterien und Lösungsperspektiven**
>
> **Lassen Sie Lösungsperspektiven und Zielkriterien herausarbeiten**
>
> – Richten Sie die Aufmerksamkeit der Beteiligten bereits bei der Untersuchung des Konfliktsystems nicht nur auf den Problemkontext, sondern möglichst von Anfang an auch auf abweichende, positive Lösungserfahrungen.
>
> – Bitten Sie die Konfliktparteien, noch bevor diese den Konflikt ausführlich schildern und beschreiben, zu überprüfen, welche Zielvorstellungen sie für ihre Konfliktschilderung entwickeln würden.
>
> – Lassen Sie die Beteiligten, bevor diese das Problem immer wieder in allen Details schildern, beschreiben, worin sie die Lösung des Konfliktes sehen/vermuten.
>
> **Verdeutlichen bzw. entwickeln Sie parteiübergreifende Ziele**
>
> – Achten Sie darauf, ob auf gemeinsame Zielvorstellungen/Aufgaben zurückgegriffen werden kann? Sind solche bekannt/nicht bekannt? Werden sie akzeptiert/nicht akzeptiert? - Lassen Sie gegebenenfalls übergreifende Ziele herausarbeiten!
>
> – Nutzen Sie die Klärung der Kosten bisheriger Konfliktbewältigung, um übergreifende Ziele zu entwickeln. Lassen sich daraus gemeinsame Ziele formulieren? Läßt sich ein Konsens herstellen, daß Transaktionskosten niedrig gehalten/reduziert werden sollen?
>
> – Lassen Sie, wann immer möglich, Beziehungen herstellen zwischen individuellen bzw. gruppenspezifischen und parteiübergreifenden, gemeinsamen Zielen (Team-, Abteilungs-, und Unternehmenszielen).

Gemeinsame Zielvorstellungen erarbeiten

Leitlinien zur Entwicklung eines effektiven Konfliktlösungssystems

> **Lassen Sie Ziele konkret, überprüfbar und positiv formulieren**
>
> – Achten Sie darauf, daß die Ziele konkret formuliert werden, von allen Beteiligten verstanden werden, realistisch, erreichbar und überprüfbar sind.
>
> – Lassen Sie Zielsituationen ganz konkret beschreiben. Lassen Sie die Beteiligten konkret herausarbeiten, woran sie erkennen würden, daß das Ziel erreicht ist.
>
> – Lassen Sie konkrete Lösungsschritte herausarbeiten: Wer muß wann, was, wie tun/anders tun als bisher, um dem Ziel einen Schritt näher zu kommen?

Ziele konkret formulieren

Abb. 34

Leitlinie 3: Ressourcenorientierung
Richten Sie die Aufmerksamkeit auf vorhandene/noch zu ergänzende Ressourcen.

Indem Sie die Parteien, wie oben beschrieben, dazu einladen, Zielvorstellungen zu entwickeln, schauen diese nicht nur in die Vergangenheit, in die Konfliktgeschichte. Sie suchen nicht mehr (nur) nach Ursachen, Schwierigkeiten, Erklärungen wieso, warum, weil ...? Ihre Aufmerksamkeit richtet sich, bildlich gesprochen mehr "nach vorn", in die Zukunft, die sie anders, positiver, gestalten möchten. Diese Ziel- und Lösungsorientierung wird ihrem Kommunikationsverhalten eine andere Richtung geben als das nichtaufhörende Herumstochern in Schwierigkeiten und Problemgründen.

Blickrichtung Zukunft

Indem Sie, ausgehend von den Zielvorstellungen der Beteiligten, die Aufmerksamkeit auf deren eigene Gestaltungsmöglichkeiten richten, legen Sie den Streitparteien auch mehr Eigenverantwortung für die Konfliktlösung nahe. Die Beteiligten können sich "entscheiden", ob und zu welchem Preis, zu welchen Kosten sie ihre Gestaltungsmöglichkeiten nutzen/nicht nutzen wollen.

Eigenverantwortung für die Konfliktlösung

Es geht hierbei um die Fokussierung und Elaboration des eigenen, von anderen unabhängigen Handlungsspielraumes, der in Konfliktsituationen oft nicht mehr wahrgenommen wird. Man fordert und erwartet, daß sich die andere Partei verändert und verharrt so in einer Position wechselseitiger Abhängigkeit (Erstarrung, symmetrische Eskalation), in einer Opfer- und/oder Täter-Position (vgl. Dipper 1992).

Position wechselseitiger Abhängigkeit

Indem Sie die Aufmerksamkeit auf die den Konfliktparteien zur Verfügung stehenden Gestaltungsmöglichkeiten richten, werden die Streitparteien gewissermaßen wieder "ermächtigt" zu sehen, was sie selbst tun können. Das gibt Ihnen die Chance, aus einer einseitigen, meist ungutes Opfer-Täter bzw. Verurteilter-/Richter-Haltung herauszukommen.

MANAGEMENT

Leitlinien zur Entwicklung eines effektiven Konfliktlösungssystems

Parallel dazu wird die Gegenpartei nicht mehr nur als

- ❏ der "äußerst schwierige Kollege"
- ❏ die "verbohrte Mitarbeiterin"
- ❏ die "uneinsichtige" Person
- ❏ der "unbelehrbare" Typ

erscheinen. Es wird Ihnen leichter fallen, die Gegenpartei auch als VerhandlungspartnerIn zu sehen, die Sie brauchen, wenn Sie zu einer Vereinbarung, zu einer Einigung kommen möchten.

Einladungen an die KonfliktpartnerIn

Auch diese Sicht, die dazugehörende Haltung und das damit zusammenhängende Kommunikationsverhalten haben - wie beschrieben - beziehungsgestaltende Wirkungen (vgl. S. 53 f.). Damit verbunden sind gewissermaßen "Einladungen", "Angebote" an die KonfliktpartnerIn aus dem bislang praktizierten Kommunikationsmuster auszusteigen, etwas anderes zu wagen, auszuprobieren, zu experimentieren. Dies führt dazu, daß sich zumindest ein Element des bisher praktizierten Konfliktmusters ändert.

Die EmpfängerIn bestimmt die Botschaft

Die andere Konfliktpartei hat nun die Möglichkeit, diese Einladungen anzunehmen, auf die Angebote einzugehen. Sie muß es jedoch nicht. Längst wissen wir, daß die Botschaft immer die EmpfängerIn und nicht der Sender bestimmt. Aber - wie gesagt - das "Muster" hat sich geändert. Die Gegenpartei kann nicht mehr ganz so wie zuvor agieren/reagieren. Sie muß sich neu einstellen. Das ist eine Chance!

Eigener Beitrag zur Konfliktlösung

Entwicklung der persönlichen Ressourcen

> **Zusammenfassung: Hindernisse, Ressourcen, Gestaltungsmöglichkeiten**
>
> – Lassen Sie die Konfliktparteien Vorstellungen entwickeln, worin ihr eigener Beitrag zur effektiveren Konfliktlösung liegen könnte.
>
> – Arbeiten Sie konkret mit ihnen heraus, was sie selbst tun können, welche konkreten Schritte sie selbst initiieren können, um einer Lösung näher zu kommen.
>
> – Unterstützen Sie, wo immer möglich, diese "autonomen Gestaltungsmöglichkeiten".
>
> – Überprüfen Sie, ob die für die Konfliktlösung notwendigen Ressourcen vorhanden sind, aber nicht gesehen werden. Rücken Sie diese in das Blickfeld!
>
> – Überprüfen Sie, ob die für die Konfliktlösung notwendigen Ressourcen zwar wahrgenommen, aber nicht genutzt werden. Klären Sie Motivationen und Hindernisse ab!
>
> – Überprüfen Sie, ob persönliche Ressourcen angereichert, weiterentwickelt werden sollen: Unterstützen Sie die Verbesserung/Optimierung erforderlicher Kenntnisse und Fähigkeiten.

Abb. 35

Leitlinien zur Entwicklung eines effektiven Konfliktlösungssystems

MANAGEMENT

Leitlinie 4: Effizienzorientierung

Entwickeln Sie Verfahren, die sich für eine Institutionalisierung effektiver Konfliktlösungen eignen

In einer Zeit, in der Konflikte zu haben und zu lösen gewissermaßen zum Alltagsgeschäft gehört, erweist es sich als durchaus sinnvoll und nützlich, wenn für die Regelung von Konfliktfällen Lösungen entwickelt werden, die nicht die Lebensdauer einer Eintagsfliege haben. Wer Konflikten vorbeugen bzw. sie rechtzeitig erkennen und einer produktiven Lösung zuführen will, ist gut beraten über einzelne, konkrete Konfliktlösungen hinausgehend

Klima und Verfahren für konstruktive Konfliktlösungen

- ein generell günstiges Klima zu schaffen, das eine "konstruktive" Konfliktbewältigung ermöglicht bzw. geradezu einfordert, sowie
- geeignete Verfahren der Konfliktlösung zu entwickeln und sie institutionell abzusichern.

Konfliktvorbeugung und konstruktive Konfliktlösungen verlangen

Aufgeschlossene, lernbereite Führungskräfte

Führungskräfte sind die zentralen Impulsgeber, wenn es darum geht in einer Organisation, einer Abteilung, einem Team ein Klima zu entwickeln, das produktive und konstruktive Konfliktlösungen ermöglicht. Führen erfordert "mit Konflikten lernend umzugehen" (Lotmar/Tondeur 1989:16). Die Entwicklung einer konfliktfreundlichen Organisationskultur ist eine Herausforderung, deren Bewältigung einen längeren Zeitraum beansprucht und nur schrittweise möglich ist.

Führungskräfte sind die zentralen Impulsgeber

Organisationsentwicklung als Aufgabe des Managements

Sicherheiten müssen erst ins Blickfeld rücken und aufgebaut werden, damit man/frau sich von alten, destruktiven Verhaltensweisen verabschieden kann. Hier liegen Aufgaben der Organisationsentwicklung, die zu initiieren, voranzutreiben und zu verantworten heute eine zentrale Managementaufgabe geworden ist. Über ein behutsames Vorgehen unter Beteiligung und Wertschätzung aller MitarbeiterInnen muß zunächst ein Klima des Vertrauens aufgebaut werden.

Organisationsentwicklung eine zentrale Managementaufgabe

Führungskräfte als Vorbilder

In hierarchischen Unternehmensgefügen, aber nicht nur hier, kommt der Vorbildwirkung von Führungskräften eine zentrale Bedeutung zu. Ihre Überzeugungen, ihre Motivation, ihre Einsatzbereitschaft, Authentizität, ihre Überzeugungskraft sind besonders signalträchtig. Auch auf dem Gebiet der Konfliktlösung kommt es darauf an, daß Führungskräfte steuernde und gestaltende Aufgaben wahrnehmen und sich in ihrer Vorbildwirkung reflektieren. In dieser Vorbildwirkung und der sozialen Kompetenz von Führungskräften liegen zentrale sozial-kulturelle Kontextbedingungen für Konfliktwahrnehmung, Konfliktbewertung und Konfliktlösungsverhalten der MitarbeiterIn-

Vorbildwirkung von Führungkräften

MANAGEMENT

Leitlinien zur Entwicklung eines effektiven Konfliktlösungssystems

Partizipative Führungskultur und Führungsverhalten

nen. Ein interessenorientiertes Konfliktmanagement setzt eine partizipative Führungskultur und Führungsverhalten voraus, das mehr Wert auf Eigeninitiative und Eigenverantwortung der MitarbeiterInnen legt, diese aber auch einfordert und ermöglicht. Das ist die eine Seite.

Unternehmensleitlinien

Transparente Organisationsziele

Die andere Seite ist, daß mit Blick auf das Unternehmen/die Organisation die übergreifenden Leitlinien, transparente, akzeptierte und kommunizierte Einrichtungs- und Organisationsziele immer notwendiger werden. Sie bilden die Leitplanken und signalisieren den Spielraum für eine interessenorientierte Konfliktbehandlung, die mit Blick auf den Organisationszweck und die Organisationsziele auch nicht beliebig den individuellen Interessen der Beteiligten überlassen werden kann.

Neben diesen eher allgemeinen Voraussetzungen lassen sich einige speziellere, der Konfliktvorbeugung dienliche Maßnahmen aufführen, deren Umsetzung ebenfalls dem Management obliegt.

Klare Zielvorgaben, Verbesserung des Informationsflusses, Abbau von Hierarchien

> **Maßnahmen der Konfliktvorbeugung**
>
> ❑ Vermeiden von Zielkonflikten durch klare Zielvorgaben
> ❑ MitarbeiterInnen an der Entscheidung teilnehmen lassen
> ❑ Abhängigkeiten der MitarbeiterInnen verringern
> ❑ Konkrete Vorgabe und Abstimmung der Aufgaben
> ❑ Ausweitung des individuellen Handlungsspielraums
> ❑ Verbesserung des Informationsflusses
> ❑ Strategische Planung in der Personalauswahl
> ❑ Abbau von Hierarchien und Machtstrukturen
> ❑ Vermeidung von Verteilungskonflikten
> ❑ Aufstiegschancen bzw. Chancen zur fachlichen und persönlichen Weiterentwicklung und Karriereplanung
> ❑ Schulung der Fach- und Sozialkompetenz

Quelle: Brommer 1994:186

Abb. 36

Vermeidung unnötiger Konflikte

Neben diesen Maßnahmen lassen sich noch einige ergänzende Verfahren aufführen, mit denen unnötige Konflikte bzw. die Eskalation von Konflikten vermieden und zukünftigen Streitigkeiten vorgebeugt werden kann. Dieses Ziel kann aber nur dann erreicht werden, wenn die im folgenden beschriebenen methodischen Verfahren institutionalisiert und von Seiten der potentiellen Streitparteien akzeptiert werden.

Leitlinien zur Entwicklung eines effektiven Konfliktlösungssystems

Beratungen vor Auseinandersetzungen, Feedbacks nach Konfliktlösung

(vgl. Ury/Brett/Goldberg 1991)

- **Ankündigung und Beratung**

    Ankündigung: bezieht sich auf die Benachrichtigung über die von einer Partei beabsichtigte Maßnahme.

    Beratung: führt weiter und bietet Gelegenheit, die vorgeschlagene Maßnahme zu diskutieren, bevor sie umgesetzt wird.

    "Ankündigungen und Beratungen können aus Mißverständnissen entstandene Konflikte verhindern. Sie können auch Ängste und Widerstände abbauen, die häufig das Ergebnis unerwarteter und einseitiger Entscheidungen sind. Und schließlich tragen sie dazu bei, Meinungsunterschiede frühzeitig festzustellen, so daß sie verhandelt werden können" (ebd.:84).

    Konfliktverhinderung

- **Analyse und Feedback nach der Konfliktbewältigung**

    Parteien werden dabei unterstützt, aus ihren Konflikten zu lernen, so daß ähnliche Streitfälle in Zukunft vermieden werden können.

- **Foren, MitarbeiterInnengruppen, Qualitätszirkel**

    Ury/Brett/Goldberg (1991:85) erwähnen die Foren als regelmäßige Diskussionsrunden der MitarbeiterInnen und sehen in ihnen eine Möglichkeit, die nach jeder Konfliktbeendigung notwendigen Beratungen und Analysen zu institutionalisieren. "Auf diesen Treffen werden Fragen erörtert, die während eines Konflikts aufkommen, deren Ursachen und Auswirkungen jedoch weit über den eigentlichen Konflikt hinausgehen". Solche Aufgaben können auch von MitarbeiterInnengruppen, von Qualitätszirkeln oder von Teams übernommen werden.

    Regelmäßige Diskussionsrunden

    Qualitätszirkel

Geeignete Verfahren der Konfliktlösung und ihre institutionelle Absicherung

Oft lassen sich Konflikte auch durch vorbeugende Maßnahmen nicht verhindern. Für diese Fälle ist es sinnvoll, bereits im Vorfeld geeignete Verfahren der Konfliktlösung zu entwickeln und zu institutionalisieren. Mit solchen Verfahren soll gewissermaßen ein zentrales Moment im "Konfliktmuster", nämlich die meist kostspieligen, ineffizienten, eingeschliffenen Strategien der Konfliktbewältigung verändert (Musteränderung!) und einer dauerhafteren, zufriedenstellenderen Lösung zugeführt werden. Solche Verfahren dienen - systemisch gesehen - der Unterbrechung automatisierter, eingeschliffener Muster der Konfliktbewältigung. Sie bieten eine Chance, den Automatismus routinehafter Konfliktbewältigungsstrategien zu unterbrechen, unnötige Konflikte zu vermeiden und vor allem auch einer Konflikteskalation vorzubeugen.

Unterbrechung eingeschliffener Muster

MANAGEMENT

Leitlinien zur Entwicklung eines effektiven Konfliktlösungssystems

Dies kann dadurch geschehen, daß entsprechende Prozeduren und Regelungen

- entwickelt,
- systematisch aufgebaut und zugeordnet,
- institutionell verankert,
- hinsichtlich ihrer Effektivität und Effizienz fortlaufend überprüft und
- entsprechend optimiert werden.

Regelungen/Verfahren einer auf Interessenausgleich zielenden Konfliktlösung

Vereinbarungen

❏ *Vereinbarungen treffen*

- problemlösende Verhandlungen so früh wie möglich einleiten, um den Konflikt möglichst noch am selben Tag, "vor Ort" zu lösen durch
- mündliche Konfliktbewältigung auf unterster Ebene zwischen den unmittelbar Beteiligten;
- mündliche Konfliktbewältigung durch Intervention einer Führungskraft.

Verhandlungsstrategie

❏ *Eine verbindliche Verhandlungsstrategie einführen*

Die Parteien bzw. ihre VertreterInnen

- sondieren gemeinsam ihre Interessen und Meinungsverschiedenheiten;
- formulieren ihre wechselseitigen Erwartungen aneinander (an die Drittpartei);
- sammeln und analysieren die relevanten Daten und Zusammenhänge;
- schaffen Optionen;
- verhandeln und wählen gemäß ihrer unterschiedlichen Prioritäten eine Option;
- erzielen einen Konsens/Kompromiß;
- veröffentlichen, präsentieren das Ergebnis.

Mehrstufige Verhandlungen

❏ *Entwicklung mehrstufiger Verhandlungen*

Die Konfliktverhandlungen verlaufen

- bottom up über mehre Ebenen einer Organisation;
- mit jeweils anderen VerhandlungspartnerInnen, z.B. Verhandlungen zwischen Teammitgliedern und TeamleiterIn, TeamleiterIn und AbteilungsleiterIn, AbteilungsleiterIn und Unternehmensleitung.

Leitlinien zur Entwicklung eines effektiven Konfliktlösungssystems

☐ *Flankierende Maßnahmen*

- Viele Anlaufstellen schaffen (Vertrauenspersonen!);
- Eine UnterhändlerIn mit Vollmachten ausstatten;
- Vergeltungsmaßnahmen unterbinden;
- Generell: Begegnungen ermöglichen, informelle Kontaktmöglichkeiten schaffen.

Flankierende Maßnahmen

Quelle: Ury/Brett/Goldberg 1991: 63ff.
Abb. 37

Hinweise

⇨ *ad. Vereinbarungen treffen*
"Die beste Konfliktprophylaxe ist die ständige Aufarbeitung aller noch so harmlosen zwischenmenschlichen Probleme, um größere Konflikte, die sich mit der Zeit enorm aufschaukeln können, zu vermeiden" (Brommer 1994:107). Sollte dies bereits schwierig sein, so können Führungskräfte, "die direkt intervenieren, ... Probleme auf der Grundlage des Interessenausgleichs lösen, bevor diese in einen Streik oder Rechtsstreit eskalieren. Zuhören und die Berechtigung der Beschwerde anerkennen können einen Konflikt entschärfen, selbst wenn am Ende wenig getan werden kann, um den Mißstand zu beseitigen" (Ury/Brett/Goldberg 1991:64).

Zuhören können

⇨ *ad. Einführung einer verbindlichen Verhandlungsstrategie*
In vielen Situationen werden Vereinbarungen für sich genommen nicht ausreichen, um Konflikte einer Lösung zuzuführen. Das ist vor allem dann der Fall, wenn die Zahl der an einem Konflikt beteiligten Personen/Parteien steigt und die Streitinhalte komplexer werden. In solchen Situationen ist es sinnvoll, eine für alle Beteiligten verbindliche Verhandlungsstrategie einzuführen. Als KonfliktberaterIn haben Sie hier die Möglichkeit eine geeignete Strategie als Verfahrensvorschlag vorzustellen und mit den Beteiligten abzustimmen. Eine solche Strategie kann beispielsweise auch bestimmen, wer an den Verhandlungen teilnimmt, wann sie beginnen bzw. enden und welche Maßnahmen ergriffen werden sollen, für den Fall, daß die Verhandlungen fehlschlagen (Ury/Brett/Goldberg 1991: 65).

Verbindliche Verhandlungsstrategie

Was tun, wenn ein Interessenausgleich scheitern sollte?

Verfahren, die auf Interessenausgleich zielen, können stagnieren, Rückfälle in alte Verhaltensweisen und alte Interaktionsmuster sind dann wieder an der Tagesordnung. Darüber hinaus wird es immer wieder Situationen geben, in denen Konflikte, durch Verfahren, die auf einen Interessenausgleich zielen, nicht in jedem Fall zu lösen sind. In dieser Situation kann ein Kampf um Rechts- bzw. Machtpositionen, aber auch ein Verharren im Zustand eines kalten Konfliktes oder des Aussitzens sehr kostspielig sein.

Rückfälle in alte Interaktionsmuster

MANAGEMENT

Leitlinien zur Entwicklung eines effektiven Konfliktlösungssystems

Noch bevor eine solche Situation eintritt, sollten Sie daher mit den Konfliktparteien herausarbeiten, was geschehen soll, wenn ein Verfahren scheitert, wenn ein Interessenausgleich nicht mehr möglich sein sollte. Damit kann nach dem Scheitern eine erneute Eskalation oder das Zurückfallen in einen kalten Konflikt vermieden werden.

Ury/Brett/Goldberg (1991: 74) stellen folgende Varianten von Vorgehensweisen und Verfahren vor, die einen sinnvollen Einsatz finden können.

❏ Loop-Backs

An den Verhandlungstisch zurückkehren

Loop-Backs beinhalten Vorgehensweisen und Verfahren, die die Streitparteien ermutigen sollen, sich wieder an den Verhandlungstisch zu setzen und von Machtkämpfen oder gerichtlichen Auseinandersetzungen abzusehen.

❏ *Abkühlungsphasen - "Auszeiten"*

Abkühlungsphase, Auszeit

Auszeiten sind vor allem sinnvoll und wirksam, wenn Parteien vor einem kostspieligen Machtkampf stehen oder sich in einem solchen befinden. Die Stimmung kann mit Blick auf die zu erwartenden Kosten genutzt werden, um eine "Abkühlungsphase" bzw. eine "Auszeit" vorzuschlagen und zu installieren. Während dieser Phase verpflichten sich die Parteien, auf kostspielige Auseinandersetzungen (Machtkämpfe) zu verzichten (ebd.77). "Auszeiten" können auch bei kleineren Streitigkeiten als sinnvolle Möglichkeit zu Änderung des üblichen Konfliktmusters genutzt werden. Hinweise für die Einleitung einer Auszeit können vorab vereinbart werden.

❏ *Krisenverhandlungen*

Akute Konflikteskalation

Krisenverhandlungen stellen bekanntlich besondere Ansprüche an die VerhandlungspartnerInnen. Sie sind vor allem dann angezeigt, wenn in hoch angespannter (emotionsbefrachteter) Atmosphäre, eine akute Konflikteskalation droht. Eigens für solche Situationen vorgesehene, qualifizierte VerhandlungsführerInnen können hier sehr hilfreich sein.

❏ *Intervention durch Dritte*

Eine andere Möglichkeit, die Eskalation von Auseinandersetzungen zu verhindern, besteht darin, im Rahmen von Konfliktlösungssystemen bestimmten, eigens qualifizierten, Personen Aufgaben des Konfliktmanagements zu übertragen. Diese können/sollen dann möglichst im Vorfeld konflikthafter Auseinandersetzungen intervenierend tätig werden.

❏ *Verfahren zur Vorabklärung der Rechts-/Machtpositionen*

Alternative Verfahren

Für den Fall, daß eine auf Interessenausgleich zielende Konfliktlösung scheitert, ist es sinnvoll, alternative Verfahren zur Verfügung zu haben. Hier geht es um solche Verfahren, die im Vergleich zu den üblicherweise praktizierten Formen der Konfliktbewältigung, basierend auf rechtlichen Auseinandersetzungen oder Macht, (vgl. S. 55 ff.) kostengünstiger sind.

Leitlinien zur Entwicklung eines effektiven
Konfliktlösungssystems

MANAGEMENT

Beratung, Schlichtungs- und Schiedsverfahren

Kostengünstige Verfahren zur Klärung von Rechts- und Machtpositionen

❏ Informationsverfahren (z.B. beruhend auf Datenbanken)

❏ Beratende Schiedsverfahren

❏ Minigerichtsverfahren

❏ Schlichtungsverfahren (Mediation) mit den Varianten - je nach Stellung der SchlichterIn - gleichgestellte KollegIn

– ExpertIn (intern und/oder extern mit Stabsfunktion)

– Externe FachberaterIn und/oder ProzeßberaterIn

– Vorgesetzte (in Vertrauensposition)

❏ traditionelles Schiedsverfahren

❏ vermittelndes Schiedsverfahren

❏ Schiedsverfahren durch letzte Offerte

Quelle: Ury/Brett/Goldberg 1991: 79ff.

Abb. 38

Hinweise

➪ *ad. vermittelndes Schiedsverfahren*
Legen Sie vorab fest: Sollte die Schlichtungsverhandlung fehlschlagen, so wird die SchlichterIn als Schiedsrichter tätig. Die Parteien wissen im voraus, daß die neutrale Partei, wenn keine Vereinbarung zustande kommt, den Konfliktfall entscheidet. Sie werden dem Vorschlag der Drittpartei daher mehr Aufmerksamkeit schenken. "Anders als das traditionelle Schiedsverfahren ermutigt das kombinierte Verfahren die Parteien, eine Lösung auszuhandeln, anstatt sich einer Entscheidung des Schiedsrichters zu unterwerfen. Bei diesem Verfahren kann die dritte Partei durch einen Schiedsspruch nur jene Punkte schlichten, die die Parteien selbst nicht beilegen können. Damit begrenzt es nicht nur die Bestimmungen von Rechtspositionen auf ein Minimum, sondern sorgt gleichzeitig für ein eingebautes 'Loop-Back' an den Verhandlungstisch" (Ury/Brett/Goldberg 1991:80).

SchlichterIn als Schiedsrichter

➪ *ad. Schiedsverfahren durch letzte Offerte*
Hier muß die Drittpartei eine der letzten Offerten der KonfliktpartnerInnen akzeptieren. Sie ist nicht befugt, einen Kompromiß zwischen den Positionen zu finden. "Jede Partei muß also ihr jeweils letztes Angebot noch akzeptabler gestalten als das der anderen, in der Hoffnung, der Schiedsrichter werde ihre letzte Offerte zu seiner Entscheidungsgrundlage machen. Auf diese Weise nähern sich die Positionen der beiden Parteien so sehr einander an, daß sich die verbliebene Kluft durch Verhandlungen überwinden läßt. Dieses Verfahren ist besonders dann geeignet, wenn keine ausreichend definierten Rechtsnormen für einen Schiedsspruch zur Verfügung stehen und ein Kompromiß die wahrscheinliche Lösung ist" (Ury/Brett/Goldberg 1991:81).

Letzte Offerte akzeptieren

MANAGEMENT

Leitlinien zur Entwicklung eines effektiven Konfliktlösungssystems

Verfahren nach ansteigenden Kosten geordnet

Konfliktkosten

Eine weitere Chance, Konfliktparteien zu einer auf Interessenausgleich basierenden Konfliktlösung zu motivieren liegt darin, daß alle für eine Konfliktlösung zur Verfügung stehenden Verfahren, entsprechend der von ihnen verursachten Kosten, in eine Rangreihe gebracht werden. Der Sinn einer solchen Reihung liegt darin, daß die Aufmerksamkeit aller explizit auf die Relation "Verfahren/Form der Konfliktbewältigung - Kosten" gelenkt wird. Damit wird den Konfliktparteien deutlich vor Augen geführt, welche "Kosten" die von Ihnen verfolgten Strategien haben (können).

Verfahren nach ansteigenden Kosten geordnet

Verfahren zur Vermeidung von Konflikten

Konfliktvermeidung
- ❏ Ankündigung und Beratung
- ❏ Analyse und Feedback nach der Konfliktbewältigung
- ❏ Forum

Interessenorientierte Verfahren

Verfahren, Strategien
- ❏ Verhandlung
- ❏ Schnelle, mündliche Bewältigung von Konflikten
- ❏ Viele Anlaufstellen
- ❏ Etablierte Verhandlungsstrategie
- ❏ Mehrstufige Verhandlung
- ❏ BeraterIn

Schlichtungsverfahren

Schlichtung
- ❏ Schlichtung durch gleichgestellte KollegInnen
- ❏ Schlichtung durch ExpertInnen

Verfahren zur Vorabklärung

Vorabklärung
- ❏ von *Rechts*positionen
  - Informationsverfahren
  - Beratendes Schiedsverfahren
- ❏ von *Macht*positionen

Abkühlungsphasen
  - Abkühlungsphasen/Auszeiten
  - Intervention/Krisenmanagement durch Dritte

Leitlinien zur Entwicklung eines effektiven Konfliktlösungssystems

MANAGEMENT

> **Kostengünstige Verfahren zur Bestimmung**
> - von *Rechts-*/und *Macht*positionen
>   - Traditionelles Schiedsverfahren
>   - Beschleunigtes Schiedsverfahren
>   - Vermittelndes Schiedsverfahren
>   - Schiedsverfahren durch letzte Offerte

Verfahrenskosten

Quelle: Ury/Brett/Goldberg 1991: 86ff.
Abb. 39

Leitlinie 5: Prozessorientierung

Organisieren Sie die Konfliktlösung als einen gemeinsamen Lernprozeß mit den Konfliktbeteiligten

Die Einführung effektiver und effizienter Verfahren/Strategien der Konfliktlösung in ein größeres Beziehungssystem wie es eine Einrichtung oder ein Unternehmen darstellt, unterliegt keiner zwangsläufigen Mechanik. Der Prozeß der Untersuchung, Entwicklung und Einführung von Konfliktlösungssystemen ist einem organisatorischen Lernprozeß vergleichbar, der durchlaufen werden muß. Daß sich dabei Fehler einschleichen, daß Vorhaben abgebrochen werden müssen bzw. scheitern können, daß man/frau auch mal in Sackgassen hineingerät, daß Erfahrungen gemacht werden, die unangenehm sind, - all dies ist nichts Außergewöhnliches und oft unvermeidlich. Wichtig ist jedoch, diese Erfahrungen nicht unter die Decke zu kehren oder zu ignorieren, sondern sie anzuschauen, aufzuarbeiten, zu besprechen und aus ihnen die richtigen Konsequenzen zu ziehen. Fehlerfreundlichkeit, Geduld, Toleranz, Ausdauer und Konsequenz, ein langer Atem sind Voraussetzungen wie auch förderungswürdige Lernziele für weitergehende Lernprozesse.

Erfahrungen nicht ignorieren, sondern anschauen

> **Prozeßorientierung beinhaltet**
> - bisherige Praktiken unter die Lupe nehmen und überprüfen;
> - Ziele entwickeln, Pläne, Vorhaben überdenken, Neuanfänge wagen;
> - in kleinen Schritten vorgehen;
> - überlegt etwas ausprobieren;
> - jeden Schritt auswerten, überdenken;
> - auf ausreichende Motivation der Beteiligten achten;
> - auf ausreichende Ressourcen (Wissen, Mittel, Unterstützung) achten;
> - aus den gemachten Erfahrungen lernen;
> - den Umgang mit Konflikten kontinuierlich verbessern.

Auswertung, Überprüfung, Reflexion

Abb. 40

MANAGEMENT

Leitlinien zur Entwicklung eines effektiven Konfliktlösungssystems

Phasen des Konfliktmanagements

Grob und nicht überschneidungsfrei lassen sich folgende Phasen unterscheiden

- ❏ Vorbeugung und -früherkennung
- ❏ Orientierung
- ❏ Optimierung
- ❏ Konsolidierung

Vorgehensmethodik

Diesen Phasen werden wir im nachfolgenden Kapitel konkretere Schritte zur Umsetzung eines effektiven Konfliktlösungssystems zuordnen. Die systemische Vorgehensmethodik im Konfliktmanagement umfaßt in jeder Phase drei Teilschritte:

- ❏ beobachten und klären
- ❏ Hypothesen bilden
- ❏ intervenieren

Hypothesenbildung

Interventionshandlung

Auf der Grundlage von klärenden Gesprächen und der Klärung dienenden Interventionen sammelt die KonfliktberaterIn ihre Beobachtungen und bildet entsprechende Hypothesen, d.h. Vorstellungen/Annahmen über die Wirklichkeitszusammenhänge. Aufgrund dieser Annahmen regt sie dann die Entwicklung von Lösungsschritten an und gestaltet Interventionen. Inhalte der Konfliktberatung und Geschwindigkeit der Konfliktbehandlung hängen vom KlientInnen-/KundInnensystem ab.

Diese in Teilschritte untergliederte Vorgehensmethodik durchläuft in mehreren Schleifen die Phasen des Konfliktmanagements mit den dazugehörenden Schritten, vor allem:

Leitlinien zur Entwicklung eines effektiven
Konfliktlösungssystems

Konfliktmanagement: Phasen und Vorgehensmethodik

PHASEN	VORGEHENSMETHODIK
Vorbeugung und Früherkennung	beobachten, klären / Hypothesen entwickeln / intervenieren
Orientierung	beobachten, klären / Hypothesen entwickeln / intervenieren
Optimierung	beobachten, klären / Hypothesen entwickeln / intervenieren
Konsolidierung	beobachten, klären / Hypothesen entwickeln / intervenieren

Abb. 41

Aus systemisch-konstruktivistischer Sicht sind Klärungsgespräche bereits Interventionen (Tomm 1994). Die Drittpartei beschränkt sich auch in der Orientierungsphase nicht auf pure Diagnose. Jede Frage ist bereits eine Intervention. "Gleichzeitig tragen die Interventionen dazu bei, daß die Konfliktsituation an ihren konkreten Reaktionen näher diagnostiziert wird. Im Reagieren gibt sich die Dynamik des Konfliktes zu erkennen. Das Was ist dabei genau so wichtig wie das Wie, die äußere Erscheinungsform der Reaktionen" (Glasl 1990:419).

Jede Frage ist eine Intervention

9 Schritte zur Einführung und Umsetzung eines effektiven Konfliktlösungssystems

Den soeben genannten Phasen des Konfliktmanagements lassen sich folgende konkrete Schritte zuordnen:

Phasen und Schritte des Konfliktmanagements

- Konsolidierung: Ergebnisse prüfen, bewerten, absichern
- Vorbeugung/Früherkennung: Konflikte rechtzeitig erkennen
- Orientierung: Ausgangssituation und Auftragskontext klären; Konfliktlösungen untersuchen und optimieren
- Optimierung: Lösungsschritte entwickeln und umsetzbar machen

Abb. 42

Schritt 1: Konflikte rechtzeitig erkennen

Konflikte entstehen selten aus freien Stücken und über Nacht. Sie können zwar überraschend ausbrechen, haben aber, sieht man nur genauer hin, in den meisten Fällen eine längere Entstehungsgeschichte und Entwicklungsdauer. Viele Konflikte lassen sich schon im relativ frühen Stadium vor ihrem Ausbruch "erahnen" und werden aus vielfältigen Gründen zu lange "unter den Teppich gekehrt". Hier spielen das individuelle Konfliktverhalten der beteiligten Personen, Defizite in der Kommunikation und oftmals eine harmoniesüchtige Gruppenideologie oder Unternehmenskultur eine wichtige Rolle. "Bei uns gibt es keine Konflikte", "wir ziehen alle am gleichen Strang", "wir sitzen alle in einem Boot", "wir verfolgen eine gemeinsame Linie" und "können uns aufeinander verlassen!". Wer wird es da schon wagen, bei solchen unternehmenskulturellen Signalsetzungen "auszuscheren"?

Harmoniesüchtige Gruppenideologie

Schritte zur Einführung und Umsetzung eines effektiven Konfliktlösungssystems

MANAGEMENT

Frühwarnsystem

In einem Unternehmen, in einer Einrichtung, in der Konflikte zu haben, Konflikte anzusprechen und auszutragen als schädlich angesehen wird, kann sich ein sensibles, die Probleme und potentiellen Konflikte rechtzeitig aufgreifendes "Frühwarnsystem" nicht oder nur latent entwickeln. Alle werden äußerst bestrebt sein, den Konflikt, so lange es nur irgendwie geht, zu ignorieren. In Drucksituationen, verbunden mit Streß und erhöhter Emotionalität, wird der Ärger dann aus den beteiligten Personen herausbrechen. Dies geschieht dann aber - wie die meisten von uns sicher schon am "eigenen Leib" spüren konnten - oft unkontrolliert und emotional. Negative Folgen, verbunden mit Gefühlen der Verletztheit, sind sehr wahrscheinlich.

Aggressiver Gesprächsstil, hoher Krankenstand, anhaltende Fluktuation

Auf der anderen Seite sind viele Konflikte für die Beteiligten und natürlich erst recht für Außenstehende nicht von vorneherein zu erkennen. Sie deuten sich mit unterschiedlichen Signalen an, die nicht ohne weiteres zu entschlüsseln sind. Ein aggressiver Gesprächsstil zwischen zwei MitarbeiterInnen z.B. kann Ausdruck einer momentanen Mißstimmung sein, aber auch auf einen tieferliegenden Konflikt hindeuten. Ein kontinuierlich hoher Krankenstand oder die anhaltende Fluktuation von MitarbeiterInnen sind häufiger Ausdruck der Unzufriedenheit vieler Belegschaftsmitglieder, die ihre Ursache in Mißständen, in inkompetentem Führungsverhalten, Desorganisation und anderen Konfliktgründen haben können.

In Organisationen, Unternehmen, Einrichtungen vermeiden es die Konfliktbeteiligten oft, ihre Probleme offen miteinander auszutragen. Man möchte die eigene Position nicht gefährden, hat eventuell Angst die VerliererIn zu sein, weil die KonfliktpartnerIn aufgrund ihrer hierarchischen Position mehr Einfluß hat. Oder frau ist sich wohl bewußt, daß sie das "Feld" so schnell nicht verlassen kann oder will und weiterhin mit der anderen "zusammenarbeiten" muß. Konflikte werden daher oft "kalt" ausgetragen.

Lappalien sind keine Konflikte

Andererseits verweist nicht jede Mißstimmung, nicht jeder kritische Blick, ein etwas zu barsch geratener Ton, nicht jede Unerfreulichkeit schon auf das Vorhandensein eines Konfliktes. Es kommt nicht nur auf die rechtzeitige, sondern auch auf die richtige, von Verzerrungen freie Wahrnehmung von Konflikten an. Personen, die aus "jeder Mücke einen Elefanten machen", nehmen häufig Konflikte wahr, die keine sind und reagieren ihren KollegInnen gegenüber mit einer unangemessenen Schroffheit, mit Mißtrauen und Ablehnung. Diese fühlen sich wiederum ungerecht behandelt und reagieren ihrerseits konfliktbetont. Psychoboom und Psychowelle der zurückliegenden Jahre, die sich gerade auch in sozialpädagogischen Arbeitsfeldern breitmachten, ließen manchmal vorschnell hinter jeder hochgezogenen Augenbraue, hinter jedem herabgezogenen Mundwinkel eine Konfliktdynamik erkennen. Man glaubte, diese durch Ausleuchten der letzten Winkel der individuellen Psyche "analysierend" bewußtmachen und damit neutralisieren zu können.

Scheinkonflikte aus nichtigen Anlässen

Aus falsch interpretierten Wahrnehmungen oder nichtigen Anlässen können durch Fehlverhalten und überzogene subjektive Reaktionen auch Scheinkonflikte entstehen und eskalieren, die schwer unter Kontrolle zu bringen sind. Manches Psycho-Gruppentraining hat hier sicher mehr Konflikte produziert bzw. angeheizt als geschlichtet. Eine so entstehende Konfliktsituation und -eskalation kann erst dann beendet werden, wenn alle Beteiligten "zur Ver-

MANAGEMENT

Schritte zur Einführung und Umsetzung eines effektiven Konfliktlösungssystems

nunft" kommen und einsehen, daß es sich um einen Scheinkonflikt handelt ("viel Lärm um nichts" oder der berühmte "Sturm im Wasserglas"), - aus dem sich allerdings schnell auch ein "handfester" Konflikt entwickeln kann.

Rechtzeitige Wahrnehmung von Konflikten

Eine rechtzeitige Wahrnehmung von Konflikten erhöht für die Beteiligten die Chancen einer erfolgreichen Konflikthandhabung und spielt eine Schlüsselrolle im Konfliktprozeß. Je früher der Konflikt erkannt und angegangen wird, umso eher können die nötigen Steuerungsmaßnahmen eingeleitet werden. Wird ein Konflikt zu spät erkannt oder gänzlich ignoriert, so ist mit hoher Wahrscheinlichkeit damit zu rechnen, daß sich die Fronten verhärten, der Konflikt eskaliert und eine Konfliktsituation entsteht, die sehr schwer aufzulösen ist. Deswegen ist es wichtig, potentielle Konfliktfelder schon vor der Konfliktentstehung wahrzunehmen und im Auge zu behalten. Nur so kann es gelingen, die Zeit zwischen der Konfliktentstehung und der Konfliktwahrnehmung möglichst gering zu halten, um schnell und angemessen reagieren zu können.

Aufgaben des Konfliktmanagements

Sensibilität für Konflikte

Konfliktmanagement wird in neuerer Zeit immer häufiger durch neutrale Dritte wahrgenommen. Dies muß jedoch nicht grundsätzlich der Fall sein. Beteiligte Betroffene, ob Einzelne oder auch Teams, Gruppen können ihre Konflikte oft auch selbst managen und zufriedenstellend handhaben. Sicher setzt dies voraus, daß sie eine Sensibilität für sich anbahnende Konflikte entwickeln und pflegen. Eine besondere Bedeutung kommt gerade in einer solchen Situation den Vorgesetzten bzw. auch den Team- oder ProjektleiterInnen zu.

Wer Konflikte rechtzeitig erkennen und einer produktiven Lösung zuführen will, sollte bestrebt sein, ein günstiges Klima zu schaffen, das

- ❏ die Sensibilität für sich anbahnende Konflikte schärft und eine bewußte Konfliktwahrnehmung zuläßt;
- ❏ eine offene Auseinandersetzung mit bisherigen Formen der Konfliktbewältigung ermöglicht;
- ❏ eine Fokussierung konstruktiver Lösungen einfordert.

Überprüfung auf Konfliktträchtigkeit

Diese Aufgabe kann sicher nicht von heute auf morgen geleistet werden. Ihre Umsetzung bedarf eines längeren Zeitraumes und auch darüber hinaus anhaltender Bemühungen. Konflikte lassen sich, wie schon gesagt, nicht ohne weiteres eindeutig als solche erkennen und identifizieren. Im Vorfeld eines Konfliktausbruchs und einer Konflikteskalation gibt es trotzdem viele Hinweise, die sensibel wahrgenommen und auf ihre Konfliktträchtigkeit hin überprüft werden sollten. Wie bereits angesprochen, muß eine solche Sensibilität - im Sinne eines wirksamen "Frühwarnsystems" - auch durch die Unternehmenskultur ermöglicht, gefördert und gepflegt werden.

MANAGEMENT

Schritte zur Einführung und Umsetzung eines effektiven Konfliktlösungssystems

Symptome, die auf Konflikte verweisen

Die Kommunikationsbeziehungen zwischen den Beteiligten verschlechtern sich, daher

- ❑ werden Entscheidungen oft aufgrund falscher oder unvollständiger Informationen getroffen,
- ❑ weiß man/frau zunehmend weniger über die anderen,
- ❑ entwickeln sich häufig unterschiedliche Ansichten über anstehende Probleme,
- ❑ erhöht sich die Eifersucht zwischen Personen und/oder Gruppen,
- ❑ nehmen die kleinen Sticheleien und Feindseligkeiten zu.
- ❑ Die Kommunikation wird steifer und förmlicher.
- ❑ Man/frau streitet sich öfter über Kleinigkeiten auf Nebenkriegsschauplätzen.
- ❑ Beim Problemlösen sucht man/frau nach dem Schuldigen statt nach der Lösung.
- ❑ Geringfügige Probleme werden zur Entscheidung nach oben bzw. an Dritte delegiert.
- ❑ Die Beteiligten berufen sich verstärkt auf Regeln und Anweisungen.
- ❑ Die Arbeitsmoral sinkt ab.
- ❑ Die Beteiligten zeigen ihre Frustration.
- ❑ Die Arbeitseffektivität läßt nach.

Symptome einer Konfliktspirale

Quelle: Czichos 1990:550

Abb. 43

Symptome, die auf einen "kalten" Konflikt verweisen

Die Abnahme der Kommunikationsbeziehungen zwischen den Beteiligten hat zur Folge, daß

- ❑ Fehlentscheidungen sich häufen, da man zu wenig und unzutreffende Informationen hat;
- ❑ immer weniger von den Zielen und Aktivitäten der anderen weiß;
- ❑ unterschiedliche Wege einschlägt, auch wenn es um gemeinsame Aufgaben geht.

Eifersüchteleien und Feindseligkeiten zwischen den Beteiligten nehmen zu, die persönlichen Beziehungen versteifen. Das hat zur Folge, daß

- ❑ man sich auf die notwendigen Formalitäten beschränkt;
- ❑ argumentiert, wenn frau sich unterhalten sollte;
- ❑ nicht auf die sachlichen Probleme fokussiert, sondern darauf, wie man/frau der Gegenpartei "eins auswischen" kann.

Merkmale des "kalten" Konflikts

Formalitäten, Feindseligkeiten

MANAGEMENT

Schritte zur Einführung und Umsetzung eines effektiven Konfliktlösungssystems

> Die Eskalation bei Entscheidungen hat zur Folge, daß man/frau
>
> ❏ den Vorgesetzten für Entscheidungen heranzieht, die man/frau selbst treffen könnte.
>
> ❏ sich und seine KoalitionspartnerInnen verteidigt.
>
> Bürokratisierung, Formalisierung und Reglementierung nehmen zu:
>
> ❏ Vorschriften, Anweisungen und Regeln gewinnen an Bedeutung und Gewicht;
>
> ❏ alle sollen sich daran halten, damit der "brüchige" Friede nicht gefährdet wird.
>
> Moral und Motivation halten sich auf einem niedrigen Level.
>
> ❏ Beteiligte und "Zuschauer" sind frustriert.
>
> ❏ Sie werden bzw. sind ineffizient in der Arbeit.

Bürokratisierung, Reglementierung

Frustration, Ineffizienz

Quelle: Czichos 1990:551

Abb. 44

Schritt 2: Ausgangssituation und Auftragskontext klären

Ausgangssituationen

Wenn sich in einem Team, in einer Einrichtung, einem Unternehmen der Wunsch breit macht, bisherige Formen der Konfliktbewältigung unter die Lupe zu nehmen und sie gegebenenfalls durch effektivere zu ersetzen, so hat dies, überspitzt gesehen, oft zwei Hintergründe (vgl. auch Ury/Brett/Goldberg 1991:90):

❏ Krisensituationen, die reaktive Anpassungen nach sich ziehen oder

❏ Innovative Auseinandersetzungen mit neuen Herausforderungen.

Krisensituation

Streitereien kosten Zeit und Geld

In den meisten Fällen ziehen Menschen und Organisationen ein Überdenken und eine Veränderung ihres Konfliktlösungssystems erst dann in Betracht, wenn "der Karren verfahren ist". Erst dann wird bemerkt, daß man sich schon tief in die "Sackgasse" hineinmanövriert hat. Streitereien kosten viel Zeit und Geld, die Arbeitsergebnisse sind unbefriedigend, die Beziehung ist belastet und dieselben Konflikte flammen immer wieder neu auf (ebd.:91). Nicht immer sind solche Zuspitzungen rein interne Produkte. Sie stehen sehr oft im Zusammenhang mit Veränderungen im Umfeld (z.B. einer Bedrohung bzw. Reduzierung von Ressourcen), auf die man nicht rechtzeitig und angemessen reagiert hat:

Schritte zur Einführung und Umsetzung eines effektiven Konfliktlösungssystems

❏ Kommunen oder freie Träger von Einrichtungen kürzen die Mittel,

❏ traditionelle Zielgruppen einer Familienbildungsstätte bleiben weg,

❏ Jugendbehörden verzichten aus finanziellen und/oder pädagogischen Gründen immer häufiger darauf, Kinder/Jugendliche in ein Heim einzuweisen.

Doch selbst in solchen Krisensituationen scheut man sich oft, das bisherige Vorgehen grundsätzlich zu überdenken und zu erneuern. Frau tendiert eher zu überhasteten Maßnahmen und Entscheidungen, zu sogenannten Schnellschüssen, mit denen man hofft, das Problem sofort und dauerhaft beseitigen zu können. Man/frau möchte den Status quo der Beziehung, der Organisation nicht grundsätzlich ändern und erhofft sich schnelle Hilfe durch isolierte Einzelmaßnahmen: z.B. Schulung einer lästigen MitarbeiterIn, Training eines zerstrittenen Teams.

Schnellschüsse

Sofern in einer solchen Situation eine (interne/externe) Drittpartei herangezogen wird, ist dementsprechend der Auftrag auch sehr eingeengt. Eine Gelegenheit, den Auftrag zu erweitern und das System wirkungsvoller zu verändern, bietet sich meist erst dann, wenn die BeraterIn an Glaubwürdigkeit und an Akzeptanz gewonnen hat, und die Parteien ihr Vertrauen entgegenbringen.

Innovation - vorausschauende Auseinandersetzung mit neuen Herausforderungen und aktive Gestaltung von Veränderungsprozessen

Veränderungen resultieren nicht immer aus einer Krise. In allzu wenigen Fällen werden Entwicklungen im Umfeld der Organisation, die zu Problemen oder notwendigen Veränderungen führen könnten, von "wachen", kreativen Führungskräften (MitarbeiterInnen) rechtzeitig antizipiert. Dadurch werden Zeit und Möglichkeiten gewonnen, sich selbst, das eigene Unternehmen und seine MitarbeiterInnen rechtzeitig, kreativ und aktiv auf die anstehenden Entwicklungen vorzubereiten. Häufig werden Insider von den Unternehmens-/Organisationsleitungen damit betraut, die notwendigen Veränderungen vorzunehmen. Zunehmend geschieht dies aber auch in Kooperation mit externen KonfliktberaterInnen. Deren Aufgabe und Engagement werden erleichtert, wenn der Auftrag klar, die Zielsetzung präzise ist und die Beteiligten in etwa wissen, was sie möchten, bzw. nicht wollen.

Veränderungen rechtzeitig antizipieren

Auftragsklärung

Die Konfliktdefinition (Benennung) kann beginnen, wenn einige der am Konflikt beteiligten Personen oder auch einflußreiche "Zuschauer", (z.B. Vorgesetzte), sich des Konflikts bewußt werden und ihn "akzeptieren". Dies ist allerdings meist erst der Fall, wenn der Konflikt so festgefahren bzw. eskaliert ist, daß die Konfliktparteien einsehen, daß sie nicht mehr in der Lage (bzw. willens) sind, den Konflikt selbst zu lösen und die Konflikthandhabung an eine neutrale Partei delegieren.

Konflikt bewußt machen und akzeptieren

MANAGEMENT

Schritte zur Einführung und Umsetzung eines effektiven Konfliktlösungssystems

In dieser Situation kommt es darauf an,

- ❏ den Konfliktgegenstand und die Konfliktsymptome herauszufinden;
- ❏ herauszufinden, wer die Konfliktparteien sind, welche Erwartungen im Hinblick auf eine Konfliktlösung sie haben;
- ❏ zu klären, ob Konfliktparteien (einzelne, Teams, Gruppen) selbst gezielte Lösungsanstrengungen unternehmen wollen oder sollen (per "Druck", "Verordnung" durch die Vorgesetzen);
- ❏ zu klären, ob eine "neutrale" Drittpartei (evtl. Vorgesetzte, BeraterIn) herangezogen werden soll.

Aufgaben des Konfliktmanagements

Nehmen Sie Kontakt mit allen Beteiligten auf!

Für die KonfliktberaterIn kommt es in der Startphase vor allem darauf an,

- ❏ die Sicht der verschiedenen Parteien kennenzulernen,

Startphase ist wichtig
- ❏ die Bereitschaft zur Mitarbeit zu klären,
- ❏ ihr Rollenverständnis offenzulegen (in welcher Rolle sie sich sieht/nicht sieht),
- ❏ ihre Arbeitsweise und ethische Position darzulegen,
- ❏ von allen Beteiligten Parteien in der vorgesehenen Rolle akzeptiert zu werden.

Nicht einseitig Partei ergreifen

Die KonfliktberaterIn muß sich um die Interessen aller Beteiligten gleichermaßen bemühen, darf nicht einseitig Partei ergreifen, eine Seite bevorzugen oder eine feste Meinung über richtige oder vermeintlich falsche Positionen haben. "Mit allen Beteiligen fast gleichzeitig Kontakt aufzunehmen, kann sehr wichtig sein; denn wenn in einem Konflikt eine Seite glaubt, daß der Systemdesigner der anderen näherstest, ist seine Glaubwürdigkeit gefährdet" (Ury/Brett/Goldberg 1991:93).

Kontaktverweigerung

Sollte zu Beginn eine persönliche Kontaktaufnahme nicht möglich sein, so kann dies auch per Telefon oder schriftlich geschehen. "Es ist gerade zu Beginn der Konfliktbehandlung wichtig, daß die Arbeit am Konflikt nicht mit der Taktik der Kontaktweigerung vereitelt wird" (Glasl 1990: 415). Eine einseitige Kontaktverweigerung kann "ein eminentes Machtmittel sein, mit welchem die Beziehungen zwischen den Konfliktparteien einseitig und asymmetrisch werden. In der Art der Kontaktnahme zur Drittpartei offenbart sich dies möglicherweise" (ebd.).

Klären Sie die Ausgangssituation und den Auftragskontext!

Auftragskontext und Auftragsdynamik

Wird die KonfliktberaterIn z.B. von der Einrichtungs-/Geschäftsleitung beauftragt, so heißt das noch lange nicht, daß auch die MitarbeiterInnen dem zustimmen. Sie können eine Konfliktberatung mit ihren unkalkulierbaren Folgen als eine ihnen aufgezwungene Maßnahme definieren und das Vorhaben boykottieren. Aus systemisch-konstruktivistischer Sicht ist es wichtig

Schritte zur Einführung und Umsetzung eines effektiven Konfliktlösungssystems

abzuklären, welche Bedeutung die in das Konfliktgeschehen einbezogenen Personen/Parteien (wie auch die auftraggebende Partei) der Initiative "Konfliktberatung" geben und welche Schlußfolgerungen sie daraus ziehen. Beides bestimmt mit darüber, was und wieviel von der Konfliktberatung angenommen und umgesetzt wird. Wichtig ist daher für die (interne wie externe) Konfliktberaterin, die Ausgangssituation, den Auftragskontext und die Auftragsdynamik differenziert abzuklären.

Checkliste 10: Leitfragen zur Auftragsvergabe und Auftragsannahme

– Wer ist die AuftraggeberIn?

– Wie kam es zu dem Auftrag? Was ist seine Vorgeschichte? Was sind die Gründe und Anlässe?

– Wie lautet der Auftrag konkret? Was wird als Aufgabe definiert?

– Ist es ein schon lange andauernder oder neuer Zustand, der verändert werden soll?

– In welchem Zusammenhang steht der Auftrag mit den Unternehmenszielen und -werten?

– Welche Erwartungen hat die AuftraggeberIn an die BeraterIn?

– Wer ist von dem Auftrag betroffen?

– Wer sind die anderen Beteiligten (Konfliktparteien?)

– Wie stehen diese zu dem Vorhaben? Welche Erwartungen verbinden sie damit?

– Was sind die Zielvorstellungen und Erwartungen der Beteiligten?

– Wie sehen die AuftraggeberIn bzw. die Betroffenen das gewünschte Ergebnis?

– Inwieweit ist die AuftraggeberIn Teil des Problems?

– Welche Chancen/welche Gefährdungen gehen von dem Auftrag für wen aus?

– Welche beziehungsgestaltenden Auswirkungen sind von der Maßnahme zu erwarten?

– Führt die Maßnahme zu einer Veränderung des Kräftefeldes?

– Was wurde bislang unternommen, um den Zustand zu verändern?

– Welche Konsequenzen, Auswirkungen hatte dies?

– Was behindert eine Lösung aus eigener Kraft?

– Welche fachlich-sachlichen Kompetenzen sind für eine Lösung des Problems erforderlich?

– Inwieweit stehen diese Kompetenzen intern/extern zur Verfügung?

– Welcher Zeitraum steht für die Bearbeitung des Auftrags zur Verfügung?

Klärungsbedarf bei Auftragserteilung und -annahme

Chancen, Gefahren, Konsequenzen, Auswirkungen

MANAGEMENT

Schritte zur Einführung und Umsetzung eines effektiven Konfliktlösungssystems

Kompetenzen, Ressourcen, Erwartungen

- Welche finanziellen Mittel/organisatorischen Ressourcen stehen zur Verfügung?
- Gibt es unterschiedliche Meinungen/Erwartungen zwischen der AuftraggeberIn und den anderen Beteiligten?
- Welche Auswirkungen hätten solche Unterschiede auf den Umgang mit dem Problem, auf die Beziehungen untereinander, auf die Beziehungen zur beratenden Drittpartei?

Abb. 45

Auf der Basis dieser Überlegungen und Antworten kann auch entschieden werden, ob ein Auftrag eher von einer internen oder externen BeraterIn übernommen und ausgeführt werden sollte (vergl. Rückle 1991:6).

Klären Sie Ihr Rollenverständnis als KonfliktberaterIn!

Unterschiedliche z.T. überschneidende Rollen

Das Rollenverständnis der (internen oder externen) KonfliktberaterIn resultiert aus ihrem Auftrag bzw. aus der von ihr wahrgenommenen Aufgabenstellung. Die eigenen Werte, Normen, Vorerfahrungen, ihre/seine Interessen, Fähigkeiten, Kenntnisse und Fertigkeiten fungieren als Filter seiner/ihrer Wahrnehmung. Im Prozeß der Konfliktberatung kann die BeraterIn unterschiedliche, sich ergänzende, z.T. überschneidende Rollen wahrnehmen: ExpertIn, SchlichterIn, ModeratorIn, UnterhändlerIn, TrainerIn, Coach, Modell, WanderpredigerIn.

Die Wahl der Rolle hängt von der Aufgabenstellung ab, die sich in einer konkreten Situation ergibt. Die Schwerpunkte werden sich im Verlaufe des Prozesses immer wieder ändern. Die BeraterIn muß sensibel die Anforderungen der jeweiligen Situation wahrnehmen und die Aufgaben auch im Sinne der Beteiligten erfassen.

Rollen der KonfliktberaterIn

ExpertIn

Alternativen anbieten

- wenn er/sie das bestehende System analysiert und mögliche Alternativen anbietet

SchlichterIn

Vereinbarungen erzielen

- wenn er/sie sich bemüht, Vereinbarungen zu Systemänderungen zu erzielen

VermittlerIn/MediatorIn

Einsichten fördern

- wenn er/sie mit den Konfliktparteien verhandelt, um sie von der Annahme der Veränderungsvorschläge zu überzeugen

Schritte zur Einführung und Umsetzung eines effektiven Konfliktlösungssystems

ModeratorIn/KoordinatorIn

- wenn er/sie die Streitparteien dabei unterstützt, neue Lösungen und Verfahren nach ihren Vorstellungen zu entwickeln

Lösungen entwickeln

WissensvermittlerIn/TrainerIn

- wenn er/sie den Konfliktparteien hilft, ihr Wissen über Möglichkeiten der Konfliktlösung zu erweitern, Fähigkeiten und Fertigkeiten zu entwickeln

Wissen erweitern

Coach

- wenn er/sie Hinweise, Klärungshilfen gibt, Motivation klärt, Ziele herausarbeitet, Feedback und Unterstützung anbietet

Unterstützung anbieten

Modell/Vorbild

- wenn er/sie selbst das praktiziert, was er/sie propagiert

Authentisch sein

ProzeßbegleiterIn

- wenn er/sie über einen längeren Zeitraum die Konfliktparteien anregt, effektivere Lösungswege zu entwickeln und umzusetzen und sie dabei unterstützt

Prozesse begleiten

WanderpredigerIn/MissionarIn

- wenn er/sie mit Überzeugung und Engagement sich für die Verbreitung des neuen Konzepts, Modells, Systems einsetzt.

Engagement zeigen

Quelle: vgl. Ury/Brett/Goldberg 1991:97f.; Glasl 1990:360ff.

Abb. 46

Erstellung eines (vorläufigen) Plans auf der Basis erster Kontakt- und Klärungsgespräche

Checkliste 11: Planung des Vorgehens nach Auftragsklärung

- Wie lautet der Auftrag?
- Welche Teilaufgaben enthält er?
- Wer ist die (formelle/informelle) AuftraggeberIn?
- Art und Ausmaß des Konfliktes?
- Welche Parteien müssen/sollen aktiv in die Konfliktbehandlung eingebunden werden?
- In welcher Form sollen/können sie eingebunden werden?
- Spielregeln/Verfahrensweisen

Auftrag, Konfliktart, Konfliktparteien

MANAGEMENT

Schritte zur Einführung und Umsetzung eines effektiven Konfliktlösungssystems

Spielregeln, Rollenverteilung

- ☐ Rollenbeschreibung der Drittpartei?
- ☐ Unter welchen Bedingungen soll/kann/will die Drittpartei intervenieren?
- ☐ Schutzgarantien für die Konfliktparteien (Berufungs-, Beschwerdewege)?

Rahmenbedingungen

- ☐ Zeitliche Gestaltung und Begrenzung?
- ☐ Wann, in welcher Form, mit wem sollen Verlauf und Ergebnisse überprüft werden?

Planung, Gestaltung, Begrenzung

- ☐ Erstellung eines Grobplans für Sofortmaßnahmen.
- ☐ Erstellung eines speziellen Plans für den nächster Schritt.

Abb. 47

Schritt 3: Konfliktlösungen untersuchen und optimieren

Entwicklung zieldienlicher Lösungsstrategien

Die Untersuchung und Klärung des bestehenden Konfliktlösungssystems sowie die Entwicklung zieldienlicherer Lösungsstrategien sind Schritte, die gewissermaßen parallel in Angriff genommen werden müssen. Die Gründe hierfür wurden weiter oben (vgl. S. 114) bereits genannt. Die Aufgaben der Konfliktberatung sind folgende:

Aufgaben des Konfliktmanagements

Binden Sie die Konfliktparteien aktiv ein!

Betroffene zu Beteiligten machen

Schaffen Sie Möglichkeiten und suchen Sie nach Wegen, wie die Konfliktparteien an der Konfliktlösung beteiligt werden können. Machen Sie Betroffene zu Beteiligten!

Sicht der Beteiligten

In welcher Position auch immer Sie sich als KonfliktberaterIn betätigen, unerläßlich ist eine enge Kooperation mit den Konfliktparteien. Mit ihren Erfahrungen, ihrem Wissen, ihren Kenntnissen, ihren Interessen und Vorstellungen spielen sie in jeder Phase eine aktive Rolle. Wie mehrfach gesagt, geht es vor allem darum, wie Beteiligte selbst Konflikte, Konfliktquellen, ihre Elemente und Zusammenhänge sehen und erleben. Die Fragerichtung muß sich daher auf die Wahrnehmung äußerer Realität, wie auch auf die damit verbundenen intrapersonalen Prozesse und Verhaltensreaktionen (Gefühle, Wünsche, Gedanken, Selbstgespräche, Handlungsimpulse, denen man/frau gerne nachgehen möchte, physiologische Reaktionen, Stimme, Körperhaltung und -bewegung, konkrete Aktionen) richten.

"Rekonstruierende" Beschreibung des Konfliktmusters

Bitte beachten Sie: entsprechend dem systemisch-konstruktivistischen Arbeitsmodell geht es hierbei stets um eine "rekonstruierende" Beschreibung des Konfliktmusters/-gewebes aus der Sicht der jeweils Beteiligten. Unser Verhalten wird von den Bildern gesteuert, die wir uns über "die Welt" machen. Ähnlich argumentiert auch Glasl: "Nur wenn die Konfliktinterventionen auf die Punkte eingehen, die erlebnismäßig für die Konfliktparteien

Schritte zur Einführung und Umsetzung eines effektiven Konfliktlösungssystems

im Vordergrund stehen, werden diese zur Mitwirkung an der Konfliktbehandlung bereit sein. Anderfalls widersetzen sie sich, weil nach ihrem Urteil die Dritte Partei an ihren (subjektiv so erlebten!) Kernpunkten vorbeigeht" (1990:59). Mit Blick auf einen neutralen, in das Konfliktgeschehen nicht involvierten Konfliktberater, meint Glasl: "Unser Urteil darüber als Außenstehende ist - zumindest in den ersten Phasen der Konfliktintervention - überhaupt nicht fruchtbar. ... Darum versuchen wir von Orientierungspunkten auszugehen, die nur ein Minimum an Interpretation erfordern und dennoch Anhaltspunkte für allererste Interventionen bieten, vor allem für das Vorgehen bei den ersten diagnostischen Interventionen selbst" (1990:59).

Die Form der Einbindung der Konfliktparteien hängt u.a. ab

Einbindung der Konfliktparteien

- vom Ausmaß des Konfliktes und davon, wer die Konfliktparteien sind
- und von der Komplexität des Konfliktrahmens.

Sie können z.B. zwischen folgenden Varianten - auch in kombinierter Form - wählen:

- Einzelgespräche mit Schlüsselpersonen, Coaching
- Teamberatung/Teamentwicklung (vgl. Brommert 1994)
- Workshop
- Planungsausschuß (vgl. Ury/Brett/Goldberg 1991: 94f.)
- Reisediplomatie (vgl. Ury/Brett/Goldberg 1991: 95f.)
- (KundInnen-) Foren (vgl. Creusen 1991)

Laden Sie die Beteiligten dazu ein, ihre Aufmerksamkeit zwischen Konfliktklärung und der Entwicklung von Lösungsideen pendeln zu lassen. Als Konfliktberaterin haben Sie die Aufgabe, die Beteiligten anzuregen, daß sie von Anfang an, bereits bei der Untersuchung des Konfliktmusters - Pendelbewegungen vergleichbar - ihre Aufmerksamkeit auch auf Lösungsvorstellungen und Handlungsalternativen richten, diese entwickeln und auf Zieldienlichkeit überprüfen.

Pendelbewegungen zwischen Konfliktklärung und Lösungsideen

Sie können sich hierbei auf die in Kapitel 7 ausführlich beschriebenen Suchrichtungen und Checklisten stützen. Darüber hinaus gibt es eine Fülle methodischer Hilfsmittel ("tools"), derer Sie sich bedienen können. Dazu gehören z.B. (vgl. u.a. Brommer 1994; Czichos 1990; Glasl 1990; Kommescher/Witschi 1992; Tomm 1994; Vopel 1983):

Hilfsmittel/tools

- Fragetechniken
- Fragebögen zur Konfliktanalyse und Entwicklung von Konfliktlösungen
- Einsatz von Metaphern
- Skulptur
- Phantasiereise
- Rollenspiele
- Moderationstechniken
- Kreativitätstechniken

MANAGEMENT
Schritte zur Einführung und Umsetzung eines effektiven Konfliktlösungssystems

Achten Sie auf die Balance in den Kooperationsschritten

Ihre Aufgabe als beratende Drittpartei ist es:

Tragfähige Arbeitsbeziehung

- ❏ eine tragfähige Arbeitsbeziehung zu den Konfliktparteien aufzubauen. Dies setzt voraus, daß Sie auf die Konfliktparteien eingehen, daß Sie ihnen wertschätzend/akzeptierend in ihrem jeweiligen Bezugsrahmen begegnen. Sie begünstigen dadurch auf Seiten der Konfliktparteien den Aufbau einer Ihnen gegenüber "kooperativen Ja-Haltung".

Gewünschte Veränderungsrichtung

- ❏ Einladungen in eine gewünschte Veränderungsrichtung zu machen, sowie Lösungsvorschläge zu entwickeln und Lösungsschritte anzuleiten.

Die stimmige Balance kann sich im Laufe des Beratungsprozesses ändern. Während üblicherweise in der Anfangsphase das Schwergewicht eher bei der Problemklärung liegt, dürfte es sich allmählich in Richtung Lösungsorientierung verschieben.

- ❏ Pacing, Rapport herstellen: Kommunikationsformen
- ❏ Leading: Kommunikationsformen
- ❏ Funktion von Fragen: Fragen statt sagen

Gehen Sie achtsam mit Widerständen und Rückfällen um

Nachteile durch neue Verfahren

Auch wenn die Konfliktparteien aktiv in den Veränderungsprozeß einbezogen sind, ist es eher die Regel, daß sich einzelne oder auch Gruppen gegen neue Verfahren stellen (vgl. Schwarz 1994:56f.). Einzelne Schritte oder die Vorgehensweise insgesamt werden immer wieder in Frage gestellt. Dies hat häufig durchaus respektable Gründe, die es zu würdigen gilt. "Einige sehen ihre Positionen als Verwalter oder Verfechter des bestehenden Systems bedroht. Andere haben die Streitfälle mit den bestehenden Methoden bisher immer gewonnen und fürchten, daß die neuen Verfahren ihnen Nachteile bringen" (Ury/Brett/Goldberg 1991:98). "Widerstände" gegen Veränderungen äußern sich typischerweise in "Bedenken", "Zögern", "Skepsis", "ja, aber-Einwänden".

Ganzheitliche Wertschätzung

Was sollten Sie als KonfliktberaterIn berücksichtigen? Achten Sie auf ganzheitliche Wertschätzung (Schmidt 1994a:2)

- ❏ sowohl der Seite gegenüber, die keine Veränderung möchte,
- ❏ wie auch der veränderungsorientierten Seite.

Loyalitätsdilemma

Betroffene geraten leicht in ein Loyalitätsdilemma, wenn - im systemischen Sinne - ihr "eher homöostatisch orientiertes 'Problemverhalten' nicht mehr als anerkennenswerte Leistung im Dienst wichtiger alter Wertsysteme gewürdigt werden kann" (Schmidt ebd.). Wie mehrfach betont, kann mit Blick auf den Kontext auch das Problemverhalten als sinnhaft verstanden werden.(vgl. oben S. 49ff.).

Ausgewogene Balance

Daher empfiehlt es sich bei Änderungsversuchen nicht einseitig das Problemverhalten abzuwerten und das gewünschte Lösungsverhalten in idealisierender Weise hervorzuheben. Prüfen Sie, ob und wie eine ausgewogene Balance zwischen offiziell gewünschter Lösung und bisheriger Problemge-

Schritte zur Einführung und Umsetzung eines effektiven Konfliktlösungssystems

staltung systemadäquater wäre. D.h. suchen Sie nach dritten Wegen der Lösung. Besonders wichtig ist dabei, die Beteiligten selbständig, detailliert und sehr konkret ihre Zielkriterien definieren zu lassen. Auf dieser Basis lassen sich erforderliche Lösungsschritte leichter entwickeln (Schmidt 1994a:11).

Proaktive Vorgehensweise

> **Grundregeln für das Vorgehen als ProzeßberaterIn**
>
> ❑ Achten Sie auf ganzheitliche Wertschätzung
>   - sowohl der Seite, die keine Veränderung möchte,
>   - wie auch der veränderungsorientierten Seite.
> ❑ Suchen Sie konsequent mit allen Beteiligten nach Lösungssituationen;
> ❑ Arbeiten Sie dabei die hilfreichen Ressourcen heraus;
> ❑ Betonen Sie, daß die Nichtinanspruchnahme der Ressourcen keineswegs heißt, daß sie nicht da sind, sondern daß die Beteiligten noch nicht so weit sind, sie kontinuierlich einzusetzen.
> ❑ Arbeiten Sie mit den Beteiligten dritte Lösungswege heraus.

Quelle: Schmidt 1994a:2
Abb. 48

Noch eine weitere Perspektive ist mit Blick auf die Widerstände und Rückfälle in dem Beratungsprozeß von Bedeutung: *die Perspektive der Kybernetik zweiter Ordnung*. Was ist damit gemeint? Wie schon mehrfach erwähnt, war man in der Tradition der systemischen (Familien-) Beratung lange bemüht, herauszufinden, "wie das System wirklich ist". Man glaubte, die "wahre" Wechselwirkungsdynamik im KlientInnensystem, z.B. zwischen den Konfliktparteien, aufdecken zu können. Die SystemikerInnen sprechen hier von einer *"Kybernetik erster Ordnung"* (siehe auch Watzlawick/Weakland/Fisch 1984).

Kybernetik zweiter Ordnung

Die Einbringung der konstruktivistischen Perspektive in das systemische Arbeitsmodell legt dagegen folgende Annahme nahe: Jede Beschreibung ist eine Konstruktion aus einer bestimmten Sicht. D.h. übertragen auf die Situation/Kontext "Berater/Drittpartei - Konfliktparteien": Alles, was die betroffenen Parteien berichten (z.B. über ihre jeweiligen Schwierigkeiten, Auseinandersetzungen, Einstellungen usw.) ist stets Ausdruck ihrer Wirklichkeitskonstruktion im jeweiligen System "Drittpartei -Konfliktparteien". Auch die Drittpartei nimmt die Konfliktparteien bzw. die Betroffenen nicht so wahr "wie sie wirklich sind" bzw. "wie sie sich in der Konfliktsituation wirklich verhalten", sondern wie sie sich ihr in dem Kontext präsentieren, zu dem die Drittpartei auch gehört. Dieser Kontext beeinflußt seinerseits auch wieder die BeraterInnen, so daß sie ihre Vorstellung von den zu Beratenden auch entsprechend entwickeln. Die Konflikterfassung und Entwicklung von Lösungsideen geschehen daher auch nicht unabhängig von den Wirklichkeitswahrnehmungen und dem Einfluß der Drittpartei. Dafür steht die *Kybernetik zweiter Ordnung*.

Jede Beschreibung ist eine Konstruktion

MANAGEMENT

Schritte zur Einführung und Umsetzung eines effektiven Konfliktlösungssystems

Kooperation mit den Konfliktparteien optimieren

Betrachten und beachten Sie daher zunächst immer die Interaktionsdynamik und Beziehungsgestaltung zwischen Ihnen als KonfliktberaterIn und den Konfliktparteien. Bemühen Sie sich, Ihre Kooperation mit den Konfliktparteien zu optimieren. Richten Sie ihre Aufmerksamkeit erst dann auf das KlientInnensystem (Konfliktparteien).

> **Regeln im Umgang mit Widerständen**
>
> Treten auf Seiten der Konfliktparteien Verweigerungen, Blockaden, Zähigkeit, Rückfälle, Symptomeskalationen u.a. auf
>
> ❑ Klären Sie zunächst, welche wichtigen Informationen hinsichtlich der Kooperationsdynamik im Beziehungssystem "BeraterIn-Konfliktparteien" enthalten sind.
>
> ❑ Arbeiten Sie heraus, was in dieser Situation für das Gelingen einer zieldienlichen Kooperation zwischen Ihnen und den Konfliktparteien beachtet werden muß.
>
> ❑ Klären Sie gegebenenfalls nochmals mit den Beteiligten den Auftrag und den Auftragskontext. Muß der ursprüngliche Auftrag verändert, neu definiert werden? Müssen die Kontraktvereinbarungen neu verhandelt werden?
>
> ❑ Schließen Sie gegebenenfalls einen neuen Kontrakt (Zurück zu Schritt 2).

Abb. 49

Umgang mit Widerständen

Hilfreiche Kommunikationsweisen für den Umgang mit Widerständen können auch sein:

❑ Reframing (umdeuten)

❑ Metakommunikation

❑ "Wunderfrage" stellen ("angenommen, es würde...")

❑ Tid for Tad ("Wie Du mir, so ich Dir")

❑ Beobachtungsaufgaben/Hausaufgaben

Möchten Sie mehr darüber wissen, so finden Sie in dem Artikel "Konfliktmanagement" von M. Dipper (1992) weitere Informationen und Anregungen.

Schritt 4: Lösungsschritte entwickeln und umsetzbar machen

Mühsal der Konfliktlösung

Lösungsideen lassen sich nicht per Knopfdruck umsetzen. Der Weg von der Untersuchung des bestehenden Konfliktlösungssystems über die Entwicklung effektiver Strategien bis hin zur Umsetzung von geplanten Veränderungen ist meist eine Mischung verschiedener Wegvarianten: manchmal steinig oder über satte grüne Wiesen führend, mal bergan in aussichtsreiche Panoramahöhen, mal durch enge dunkle Schluchten, mal über breit angelegte, bequeme Straßen, dann wieder über aufgeweichte Schlammpfade.

Schritte zur Einführung und Umsetzung eines effektiven Konfliktlösungssystems

MANAGEMENT

Ungeduld kann sich einstellen, Erschöpfungssymptome zeigen sich angesichts des mühseligen Vorankommens, Bedenken werden laut, ob die Wegstrecke auch wirklich zu schaffen ist.

Als BeraterIn kommen folgende Aufgaben auf Sie zu:

> **Checkliste 12: Lösungsschritte entwickeln und umsetzen**
>
> Beachten Sie, daß
> - ❏ Sie mit den Beteiligten kleine, konkrete Lösungsschritte entwickeln,
> - ❏ die Ziele konkret detailliert, realistisch, überprüfbar sind,
> - ❏ die Beteiligten ausreichend motiviert sind, den Lösungsschritt umzusetzen,
> - ❏ Widerstände und Rückfälle geklärt werden müssen,
> - ❏ nötige Kenntnisse erworben und Fertigkeiten entwickelt werden,
> - ❏ nötige Mittel/Ressourcen zur Verfügung stehen.

Abb. 50

Schritt 5: Ergebnisse überprüfen, bewerten und sichern

Ein Konfliktmanagement, von dem man/frau sich einen erfolgreichen Beitrag zur Optimierung der Konfliktlösungen erwartet, sollte selbstverständlich ergebnis- bzw. "erfolgsgesteuert" sein. Aus unserer Sicht ist es durchaus angebracht, auch hier von einer Art "Controlling" zu sprechen. Controlling steht für: lenken, steuern auf der Basis eines "Soll-Ist-Werte-Vergleichs" und einer Feedback-, wie auch Feedforward-Steuerung. Auf diese Notwendigkeit haben wir bereits mehrfach hingewiesen (vgl. Kapitel 8/Leitlinie 5 "Prozeßorientierung"). Controlling ist umfassender als das deutsche Wort "Kontrolle". Mit Blick auf "Konfliktmanagement", bezieht es sich auf den Prozeß, der über mehrere Schritte verläuft, die systematisch miteinander verknüpft sind.

Controlling

Feedback-, Feedforward-Steuerung

Warum Bewertung und Controlling?

Controlling dient nicht in erster Linie der Ermittlung eines exakten "Meßergebnisses", sondern der Qualitätsoptimierung und Sicherung eines effektiven Konfliktmanagements (vgl. Schwarz 1994:120ff.).

Qualitätsoptimierung

Aufgaben des Konfliktmanagements

Während des gesamten Prozesses, wie auch am Ende, sollten Sie dafür sorgen, daß überprüft wird, ob Veränderungen wie geplant ablaufen. Die fortlaufende Bewertung hilft Ihnen die Veränderungen fein aufeinander abzustimmen und gegebenenfalls rechtzeitig Korrekturen anzubringen.

Fortlaufende Bewertung

MANAGEMENT

Schritte zur Einführung und Umsetzung eines effektiven Konfliktlösungssystems

Wer überprüft und bewertet?

Die Beteiligten einbinden

Ihre Aufgabe als beratende Drittpartei besteht auch darin, die Beteiligten aktiv in Überprüfung und Bewertung der Ergebnisse mit einzubinden. Sie sind am ehesten in der Lage, die positiven und negativen Auswirkungen der Veränderungen einzuschätzen. Außerdem kann dadurch auch ihr "Frühwarnsystem", ihre Wahrnehmungs- und Beurteilungsfähigkeit fokussiert und geschult werden. Dies hilft Ihnen, Probleme frühzeitig zuerkennen. "Wenn die Parteien erkennen lernen, wann Verfahren nicht funktionieren, können sie die Verbesserungen am System selbst vornehmen und letztendlich völlig auf die Hilfe des Systemdesigners verzichten" (Ury/Brett/Goldberg 1991: 107).

Was sind die Bewertungskriterien?

Maßstäbe/Bewertungskriterien

Eine Überprüfung und Bewertung von Veränderungsergebnissen kommt selbstverständlich nicht ohne Maßstäbe/Bewertungskriterien aus. In Kapitel 7 haben wir zentrale Kriterien zur Überprüfung und Bewertung eines "effektiven" und d.h. auch "kostengünstigen" Konfliktlösungssystems aufgeführt und erläutert. Diese Kriterien können zugleich Maßstab für eine Kosten-Nutzen-Analyse und damit für die Überprüfung und Bewertung der erzielten Ergebnisse sein.

Besprechen und vereinbaren Sie auch vorab die Bewertungskriterien mit den Beteiligten. Überprüfen Sie gemeinsam diese Kriterien im Ablauf des Prozesses immer wieder nach Stimmigkeit/Akzeptanz. Einigen Sie sich gegebenenfalls auf Korrekturen.

Checkliste 13: Überprüfung, Bewertung und Sicherung von Veränderungen

Transaktionkosten

Transaktionskosten (z.B. Geld, Zeit, Belastungen)

❏ Arbeiten Sie möglichst konkret, detailliert evtl. quantifiziert heraus,
  – in welchem Ausmaß welche Transaktionskosten gesenkt werden konnten;
  – welche Transaktionskosten sich eventuell in welchem Ausmaß erhöht haben.

Ergebniszufriedenheit

Zufriedenheit mit den Ergebnissen

❏ Arbeiten Sie möglichst konkret, detailliert evtl. quantifiziert heraus,
  – wie zufrieden welche Partei/Personen
  – in welcher Hinsicht mit den Ergebnissen sind.

❏ Sind die Parteien mit den Ergebnissen zufriedener als vorher?

Schritte zur Einführung und Umsetzung eines effektiven Konfliktlösungssystems

MANAGEMENT

Auswirkungen von Veränderungen auf die Beziehungen
- [ ] Arbeiten Sie möglichst konkret und detailliert heraus,
    - in welchem Ausmaß sich die Qualität verbessert/verschlechtert hat.

Qualitätsveränderung

Häufigkeit, Neuaufflammen von Konflikten
- [ ] Überprüfen Sie, ob die bisherige Konflikthäufigkeit reduziert werden konnte?
    - Wie häufig kam es in welchen Situationen zu Rückfällen?
    - Konnte die Zahl der Rückfälle reduziert werden?

Häufigkeit, Zu- und Abnahme

Sonstige Veränderungen/Folgen
- [ ] Überprüfen Sie, zu welchen Veränderungen der Konfliktlösungen die Interventionen/Verfahren/Strategien noch geführt haben?
- [ ] Hatte eine Intervention unvorhergesehene, erwünschte/nicht erwünschte Folgen?

Erwünschte/unerwünschte Folgen

Grenzen der Veränderung?
- [ ] Arbeiten Sie möglichst konkret und detailliert heraus,
    - welche personenbezogenen und/oder organisationsbezogenen Ressourcen zur Verfügung stehen müssen, damit Veränderungen erfolgreich eingeleitet und etabliert werden können?
    - welche Rahmenbedingungen müssen außerdem noch gegeben sein, damit Veränderungen erfolgreich (und dauerhaft) umgesetzt werden können?
    - wo die Grenzen der Veränderung liegen?

Ressourcen und Rahmenbedingungen

Zentrale Erfolgsfaktoren
- [ ] Arbeiten Sie möglichst konkret und detailliert heraus,
    - warum Veränderungen funktionieren?
    - welche Faktoren und Zusammenhänge maßgeblich für den Erfolg sind?
- [ ] Vergleichen Sie: Sind es vielleicht andere Faktoren oder Wirkungszusammenhänge als zuvor angenommen?

Voraussetzungen für Erfolg

Dokumentation der Ergebnisse
- [ ] Achten Sie darauf, daß die Ergebnisse und ihre Bewertung möglichst detailliert und konkret (nicht bürokratisch, nicht zwanghaft) festgehalten werden. Dies kann ein wirksames Medium der Prozeßevaluation sein, der Akzeptanz neuer Verfahren und eventuell auch ihrer Verbreitung in andere Organisationen hinein dienen.

Dokumentation Prozeßevaluation

Abb. 51

MANAGEMENT
Schritte zur Einführung und Umsetzung eines effektiven Konfliktlösungssystems

Schlußbemerkung

Konflikte gehören heute zu den Kernelementen und -prozessen unseres alltäglichen - beruflichen und privaten - Lebens. Sie sind unvermeidlich!

Konflikte sind unvermeidlich

Unvermeidlich auch deshalb, weil sich mit den Prozessen des sozialen Wandels, mit Pluralisierung und Individualisierung die Wahrnehmungs-, Betrachtungs- und Bewertungsweisen der einzelnen Menschen auseinanderentwickelt haben. Wechselseitiges Verständnis und Verstehen kann daher nicht mehr fraglos als selbstverständlich vorausgesetzt und glücklicherweise auch nicht mehr ohne weiteres durch tradierte, patriarchalische, politische, wirtschaftliche oder auch religiöse Machtpositionen verordnet und erzwungen werden. Zusammen leben und zusammen arbeiten - von Mikrosystemen bis hin zu nationalen und globalen Makrosystemen - erfordert im Dienste einer effektiven und effizienten Erreichung gemeinsamer Ziele eine wechselseitige Annäherung.

Veränderungs- und Verständigungskonzepte sind nötig

Annäherung, wie wir sie verstehen, hat eine bestimmte Grundhaltung und ein von den bisherigen Mustern abweichendes Veränderungs- und Verständigungskonzept zur Voraussetzung. Die besagte Grundhaltung verlangt Aufgeschlossenheit und Achtsamkeit für die Perspektiven und Interessen der Gegenseite, wenn schon nicht selbstlos, so doch wohl wissend, daß wir auf ihre Kooperation angewiesen sind. Aufgeschlossenheit meint nicht "gänzliches Verstehen" der Beweggründe und Sichtweisen anderer. Dies halten wir angesichts der auch weiterhin bestehenden unterschiedlichen Positionen und Lebenssituationen, in denen Menschen sich befinden, für nicht möglich. Aufgeschlossenheit impliziert den Blick nach vorne, die Suche und das Explorieren von Gemeinsamkeiten, Verbindungen, partiell geteilten Interessen, im Dienste einer kooperativen Zielerreichung im gemeinsamen Lebenszusammenhang.

Kleine Schritte statt großer Sprünge

Das zweite Standbein, mit dem sich über Interessengegensätze und Konfliktlagen hinweg eine Annäherung in Gang setzen läßt, ist eine Strategie der Zielerreichung, die sich von überholten Illusionen, Macht- und Allmachtsphantasien an die schnelle Machbarkeit von Veränderungen verabschiedet hat. Die Zeit der großen Strategieentwürfe ist bekanntlich vorbei. Neue Lösungen für Konflikte lassen sich ebensowenig wie sonstige Ziele im Känguruhsprung, mit dem Düsenjet oder den modernen Medien der Telekommunikation erreichen. Komplexe und immer komplexer werdende Lebens- und Arbeitszusammenhänge lassen sich nun einmal nicht rezeptartig verändern. Hinzu kommt das eigendynamische Potential des menschlichen Wesens, das sich nicht widerspruchslos beliebigen externen Interventionszielen fügt.

Eine neue Strategie der Zielerreichung, gerade auch bei Konfliktereignissen, gibt sich bescheidener. Die anvisierten Schritte sind kleiner geworden. Ein behutsameres, umsichtigeres, fehlerkorrigierendes, konsequentes Voranschreiten ist angesagt. Daß die Zeit dafür manchmal nicht ausreicht, kann durchaus zu den bitteren Erfahrungen und Erkenntnissen gehören.

Literaturverzeichnis

Literatur

Altmann R. (1960): Das Erbe Adenauers. Stuttgart

Araoz D.L. (1989): Die neue Hypnose. Paderborn

Axelrod R. (1987): Die Evolution der Kooperation. München

Baethge M. (1991): Arbeit, Vergesellschaftung, Identität - Zur zunehmenden normativen Subjektivierung der Arbeit. In: Soziale Welt 42/1, S. 6-19

Bardmann Th.M./Kersting H.J./Vogel H.Ch. (1991): Das gepfefferte Ferkel. Lesebuch für Sozialarbeiter und andere Konstruktivisten. Aachen

Bateson G. (1983): Ökologie des Geistes. Frankfurt/M. 2. Aufl.

Beck U. (1986): Risikogesellschaft. Auf dem Weg in eine andere Moderne. Frankfurt/M.

Becker H.L. (1991): Ganzheitliche Management-Methodik. Die Erfolgsfaktoren der Selbstführung, Mitarbeiterführung und Arbeitsmethodik. Ehningen/Stuttgart

Berkel K. (1985): Konflikttraining. Konflikte verstehen und bewältigen. Heidelberg

Boscolo L./Cecchin G./Hoffman L./Pen P. (1988): Familientherapie-Systemtherapie-Das Mailänder Modell - Theorie, Praxis und Konversationen. Dortmund

Brommer U. (1992): Mitarbeiter finden und fördern. Stuttgart

Brommer U. (1994): Konfliktmanagement statt Unternehmenskrise. Moderne Instrumente zur Unternehmensführung. Zürich

Brunner E.J. (1993): Organisationsdynamik. In: *Schönig W./Brunner E.J.* (Hrsg.): Organisationen beraten - Impulse für Theorie und Praxis. Freiburg, S. 95-110

Coser L. (1956): The Functions of Social Conflict. London

Creusen U.C. (1991): Das Kundenforum als Maßnahme der Personal- und Organisationsentwicklung. In: *Geißler/v. Landsberg/Reinartz* (Hg.): Handbuch Personalentwicklung und Training - Ein Leitfaden für die Praxis, 2. Erg.-Lfg. Köln

Czichos R. (1990): Change-Management. München/Basel

Dahrendorf R. (1961): Gesellschaft und Freiheit. Zur soziologischen Analyse der Gegenwart. München

Dahrendorf R. (1965): Gesellschaft und Demokratie in Deutschland. München

Doppler K./Edding C.: Veränderungsstrategien im Non-Profit-Bereich. Zürich o.J.

Doppler K./Lauterburg Ch. (1994): Change-Management. Frankfurt

Erickson M.H./Rossi E.L. (1981): Hypnotherapie - Aufbau, Beispiele, Forschungen. München

Faltermeier T. (1987): Lebensereignisse und Alltag. München

Fauth W. (1991): Praktische Personalarbeit als strategische Aufgabe. Grundlage, Konzepte, Checklisten. Wiesbaden

Filipp S.H. (1981): Ein allgemeines Modell für die Analyse kritischer Lebensereignisse. In: Filipp S.H. (Hrsg.): Kritische Lebensereignisse. München/Wien/Baltimore, S.3-52

Fischer H.R. (1993): Murphys Geist oder die glücklich abhanden gekommene Welt - Zur Einführung in die Theorie autopoietischer Systeme. In: Autopoiesis: eine Theorie im Brennpunkt der Kritik. Heidelberg, 2. Aufl.
Fisher R./Ury W. (1991): Das Harvard-Konzept. Sachgerecht verhandeln - erfolgreich verhandeln. 10. Aufl. Frankfurt
Foerster H.v. (1985): Sicht und Einsicht. Versuche zu einer operativen Erkenntnistheorie. Wiesbaden
Foerster H.v. (1987): Erkenntnistheorien und Selbstorganisation. In: Schmidt S.J. (Hrsg.): Der Diskurs des radikalen Konstruktivismus. Frankfurt/M.
Geißler K.A./v.Landsberg G./Reinartz M. (Hrsg.): Handbuch Personalentwicklung und Training. Ein Leitfaden für die Praxis. Köln 1990
Gilligan S.G: (1991): Therapeutische Trance - Das Prinzip der Kooperation in derEricksonschen Hypnotherapie. Heidelberg
Glasl F. (1990): Konfliktmanagement. Ein Handbuch zur Diagnose und Behandlung von Konflikten für Organisationen und ihre Berater. Bern, 2. Aufl.
Harrison R. (1977): Rollenverhandeln: ein "harter" Ansatz zur Team-entwicklung. In: *Sievers B.*: Organisationsentwicklung als Problem. Stuttgart, S. 116ff)
House J.S. (1981): Work Stress and Social Support Reading/Mass.
Jung R.H./Kleine M. (1993): Management. Personen-Strukturen-Funktionen-Instrumente. München/Wien
Kommescher G./Witschi U. (1992): Die Praxis der systemischen Beratung. In: Organisationsentwicklung 11/2, S.22-33
Lange M.G. (1961): Politische Soziologie. Berlin/Frankfurt
Lazarus R.S./Folkman S. (1984): Stress, Appraisal and Coping. New York
Lewin K. (1968): Die Lösung sozialer Konflikte. Frankfurt
Lindholz H. (1991): Wie Chefs Konflikte meistern. Verfahren und Übungen für Klein- und Mittelbetriebe. Wiesbaden
Luhmann N. (1984): Soziale Systeme. Frankfurt
Lotmar P./Tondeur E. (1989): Führen in sozialen Organisationen. Bern/Stuttgart
Lynch D./Kordis P. (1992): DelphinStrategien. Managementstrategien in chaotischen Systemen. Fulda
Mayo E. (1957): Social Problems of an Industrial Civilization. London
Menaghan E. (1983): Individual Coping Efforts: Moderators of the Relationship between Life Stress and Mental Health Outcomes. In: *Kaplan H.B.* (Ed.): Psychological Stress: Trends in Theory and Research. New York
Miller J.G. (1978): Living systems. New York
Münter H. (1993): Projektmanagement. An einem Strank ziehen. In: ManagerSeminare Nr. 10, S. 32
Plessner H. (1959): Die verspätete Nation. Stuttgart
Rademacher H. (1993): Zur Grammatik autopoietischer Systeme. In: *Fischer H.R.* (Hrsg.): Autopoiesis. Eine Theorie im Brennpunkt der Kritik. Heidelberg
Rapoport A. (1960): Fights, games and debates. Ann Arbor

Literaturverzeichnis

Romain L./Schwarz G. (Hrsg.): Abschied von der autoritären Demokratie? Die Bundesrepublik im Übergang. München 1970

Rückle H. (1991): Interne oder externe Beratereinsätze? In: *Geißler/v. Landsberg/Reinartz* (Hrsg.): Handbuch der Personalentwicklung und Training. Ein Leitfaden für die Praxis.

Rüttinger B. (1980): Konflikt und Konfliktlösen. München

Rüttinger B. (1988): Konflikt als Chance. München

Ruschel A. (1990): Konfliktmanagement. In: *Geißler/v. Landsberg/Reinartz* (Hrsg.) Handbuch Personalentwicklung und Training (PET). Ein Leitfaden für die Praxis. Köln

Sackmann S. (1983): Organisationskultur. Die unsichtbare Einflußgröße. In: Gruppendynamik 14/4, S.359-406

Schäfer G./Nedelmann C. (1969): Der CDU-Staat. Analysen zur Verfassungswirklichkeit in der Bundesrepublik. Frankfurt

Schiermann J.U. (1984): Kommunikation: Konflikte verstehen-Konflikte lösen. Braunschweig

Schmid B. (1993): Menschen, Rollen und Systeme - Professionsentwicklung aus systemischer Sicht. In: Organisationsentwicklung 12/4, S.18-26

Schmidt G. (1994a): Prämissen und Konzepte zum Thema: "Utilisation von Alltagstrancephänomenen und hypnotischen Mustern für die Gestaltung des Interviewablaufs und von Interventionen. Arbeitspapier zum Fortbildungscurriculum "Systemische und Hypnotherapeutische Konzepte für die Organisationsberatung, Coaching und Persönlichkeitsentwicklung". Milton-Erickson-Institut Heidelberg

Schmidt G. (1994b): Probleme als beziehungsgestaltende Intervention. Arbeitspapier zum Fortbildungscurriculum "Systemische und Hypnotherapeutische Konzepte für die Organisationsberatung, Coaching und Persönlichkeitsentwicklung". Heidelberg

Schmidt S.J. (1987): Der Diskurs des radikalen Konstruktivismus. Frankfurt/M.

Schmitz D./Weyrer M. (1995): Wer braucht schon Konflikte? Zur Notwendigkeit von Konfliktmanagement in der Unternehmensentwicklkung. In: *Heitger B./Schmitz C./Gester P.W.* (Hrsg.): Managerie, 3. Jahrbuch Systemisches Denken und Handeln im Management, S. 120-144. Heidelberg

Schneider P. (1995): Die Arbeit im Konfliktmanagement und die Utilisierung des Kontextes. In: *Heitger B./Schmitz C./Gester P.W.* (Hrsg.): Managerie, 3. Jahrbuch Systemisches Denken und Handeln im Mangement, S. 149-164. Heidelberg

Schuh S. (1989): Organisationskultur. Integration eines empirischen Konzepts in die empirische Forschung. Wiesbaden

Schwarz G. (1994): Sozialmanagement. München

Schwarz G. (Hrsg.): Profil und Professionalität. Praxis der Sozialarbeit im Umbruch. München 1993

Schwarz P. (1992): Management in Non-Profit-Organisationen. Eine Führungs-, Organisations- und Planungslehre für Verbände, Sozialwerke, Vereine, Kirchen, Parteien usw. Bern-Stuttgart-Wien

Siegert W. (1992): Konflikte erkennen und besser bewältigen. Weniger Ärger

-weniger Stress. Tips und Anregungen zur Erleichterung des Miteinanderumgehens. Stuttgart. 4. Aufl.
Sievers B. (1977): Organisationsentwicklung als Problem. Stuttgart
Simmel G. (1908): Soziologie. Untersuchungen über die Formen der Vergesellschaftung. Leipzig
Stone I. (1976): Vincent van Gogh. Ein Leben in Leidenschaft. Berlin
Tönnies F. (1887) Gemeinschaft und Gesellschaft. Leipzig
Tomm K. (1994): Die Fragen des Beobachters - Schritte zu einer Kybernetik zweiter Ordnung in der systemischen Therapie. Heidelberg
Ullrich H.C. (o.J.): Unternehmenskultur. In: *Geißler/v. Landsberg/Reinartz* (Hrsg.): Handbuch Personalentwicklung und Training - Ein Leitfaden für die Praxis. Köln
Ulrich H. (1984): Management. Bern
Ulrich H. (1987): Unternehmenspolitik. 2. Aufl. Bern, Stuttgart
Ulrich H./Probst G.J.B. (1991): Anleitung zum ganzheitlichen Denken und Handeln. Ein Brevier für Führungskräfte. 3. Aufl. Bern, Stuttgart
Ury W./Brett J.M./Goldberg St.B. (1991): Konfliktmanagement. Wirksame Strategien für den sachgerechten Interessenausgleich. Frankfurt/New York
Watzlawik P./Weakland/Fisch R. (1984): Lösungen - Zur Theorie und Praxis menschlichen Wandels. Bern/Stuttgart/Wien
Weber M. (1972): Wirtschaft und Gesellschaft. 5. Aufl. Tübingen
Wimmer R. (1988): Was können selbstreflexive Lernformen in der öffentlichen Verwaltung bewirken? Zum Entwicklungspotential bürokratischer Systeme. In: Gruppendynamik 19, Jg. H.1, S. 7-27
Winterling K. (1989): Wie man (vorbeugend) Krisenmanagement betreibt. Ein Leitfaden zur Früherkennung und Bewältigung von Unternehmenskrisen. Bad Homburg
Wohlgemuth A.C. (Hrsg.): Moderation in Organisationen. Problemlösungsmethode für Führungsleute und Berater. Bern-Stuttgart-Wien 1993

Schwerpunkt Management

Michael Fischer, Pedro Graf
Coaching
1998
ca. 159 Seiten, kartoniert
75 Abb. / Graf. / Checkl.
49,80 DM / 368,- ÖS / 46,- sFr / 25,80 EUR
ISBN 3-934 214-48-7
(Alt: ISBN 3-929 221-47-0)

Gregor Beck
Controlling
2. Auflage 1999 — *Neuauflage*
160 Seiten, kartoniert
50 Abb. / Graf. / Checkl.
49,80 DM / 368,- ÖS / 46,- sFr / 25,80 EUR
ISBN 3-934 214-01-0
(Alt: ISBN 3-929 221-45-4)

Waldemar F. Kiessling, Peter Spannagl
Corporate Identity
1996
114 Seiten, kartoniert
37 Abb. / Graf. / Checkl.
49,80 DM / 368,- ÖS / 46,- sFr / 25,80 EUR
ISBN 3-934 214-47-9
(Alt: ISBN 3-929 221-29-2)

Reinhilde Beck, Gotthart Schwarz
Konfliktmanagement
2. Auflage 2000 — *2. überarbeitete Auflage*
134 Seiten, kartoniert
51 Abb. / Graf. / Checkl.
49,80 DM / 368,- ÖS / 46,- sFr / 25,80 EUR
ISBN 3-934 214-54-1
(Alt: ISBN 3-929 221-28-4)

Pedro Graf, Maria Spengler
Konzeptentwicklung
3. Auflage Frühjahr 2000 — *3. erweiterte überarbeitete Auflage*
ca. 120 Seiten, kart.
30 Abb. / Graf. / Checkl.
49,80 DM / 368,- ÖS
46,- sFr / 25,80 EUR
ISBN 3-934 214-55-X (Alt: ISBN 3-929 221-26-8)

Susanne Grabowski
Multimediale Seminargestaltung
1995, 150 Seiten, kartoniert
98 Abb. / Graf. / Checkl., Vierfarbdruck
49,80 DM / 368,- ÖS / 46,- sFr / 25,80 EUR
ISBN 3-934 214-46-0
(Alt: ISBN 3-929 221-16-0)

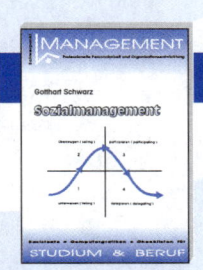

Hans Dietrich Engelhardt, Pedro Graf, Gotthart Schwarz
Organisationsentwicklung
2000 — *Neuauflage*
164 Seiten, kartoniert
60 Abb. / Graf. / Checkl.
49,80 DM / 368,- ÖS / 46,- sFr / 25,80 EUR
ISBN 3-934 214-45-2 (Alt: ISBN 3-929 221-33-0)

Hans Dietrich Engelhardt
Organisationsmodelle
2. überarb. Aufl. 1999 — *2. überarbeitete Auflage*
144 Seiten, kartoniert
34 Abb. / Graf. / Checkl.
49,80 DM / 368,- ÖS / 46,- sFr / 25,80 EUR
ISBN 3-934 214-14-2
(Alt: ISBN 3-929 221-25-X)

Reinhilde Beck, Gotthart Schwarz
Personalentwicklung
1997
160 Seiten, kartoniert
93 Abb. / Graf. / Checkl.
49,80 DM / 368,- ÖS / 46,- sFr / 25,80 EUR
ISBN 3-934 214-44-4
(Alt: ISBN 3-929 221-37-3)

Gotthart Schwarz, Reinhilde Beck
Personalmanagement
1997
160 Seiten, kartoniert
70 Abb. / Graf. / Checkl.
49,80 DM / 368,- ÖS / 46,- sFr / 25,80 EUR
ISBN 3-934 214-43-6
(Alt: ISBN 3-929 221-35-7)

Monika Bobzien, Wolfgang Stark, Florian Straus
Qualitätsmanagement
1996
130 Seiten, kartoniert
30 Abb. / Graf. / Checkl.
49,80 DM / 368,- ÖS / 46,- sFr / 25,80 EUR
ISBN 3-934 214-42-8
(Alt: ISBN 3-929 221-34-9)

Gotthart Schwarz
Sozialmanagement
3. Auflage 1999 — *3. Auflage Pilot der Reihe*
128 Seiten, kart.
36 Abb. / Graf. / Checkl.
49,80 DM / 368,- ÖS / 46,- sFr / 25,80 EUR
ISBN 3-934 214-02-9
(Alt: ISBN 3-929 221-17-9)

Fordern Sie die aktuellen Buchankündigungen an oder sehen Sie ins Internet: www.ziel.org

(D) HEROLD Verlagsauslieferung GmbH
Kolpingring 4, 82041 Oberhaching/München
Tel. (089) 61 38 71-0, Fax (089) 61 38 71-20

(A) ÖBZ – Österreichisches Buchzentrum
Buchauslieferungsgesellschaft m.b.H & Co. KG
IZ-NÖ. Süd, Straße 1, Objekt 34,
A-2355 Wr. Neudorf, Postfach 133

(CH) Engros-Buchhandlung Dessauer
Räffelstr. 32 / Postfach, CH-8036 Zürich,
Tel. (01) 463 32 55, Fax (01) 463 32 95

(Online) http://www.ziel.org (E-Mail: verlag@ziel.org)

... und bei Ihrem Buchhändler bzw. über das Barsortiment